U0090089

臺灣歷史與文化 研究輯刊

二五編

第 **11** 冊

真實與想像：卑南王的「說」與「再說」（下）

傅鳳琴 著

花木蘭文化事業有限公司

國家圖書館出版品預行編目資料

真實與想像：卑南王的「說」與「再說」（下）／傅鳳琴 著 --
初版 -- 新北市：花木蘭文化事業有限公司，2024〔民 113〕
目 4+140 面；19×26 公分
（臺灣歷史與文化研究輯刊二五編；第 11 冊）
ISBN 978-626-344-701-1（精裝）
1.CST：卑南族 2.CST：部落 3.CST：傳說 4.CST：歷史
733.08   112022562

ISBN-978-626-344-701-1

9 786263 447011

臺灣歷史與文化研究輯刊
二五編 第十一冊   ISBN：978-626-344-701-1

真實與想像：卑南王的「說」與「再說」（下）

作　者　傅鳳琴
總 編 輯　杜潔祥
副總編輯　楊嘉樂
編輯主任　許郁翎
編　輯　潘玟靜、蔡正宣　美術編輯　陳逸婷
出　版　花木蘭文化事業有限公司
發 行 人　高小娟
聯絡地址　235 新北市中和區中安街七二號十三樓
　　　　　電話：02-2923-1455 ／傳真：02-2923-1452
網　址　http://www.huamulan.tw 信箱 service@huamulans.com
印　刷　普羅文化出版廣告事業
初　版　2024 年 3 月
定　價　二五編 12 冊（精裝）新台幣 36,000 元　　版權所有・請勿翻印

真實與想像：卑南王的「說」與「再說」（下）

傅鳳琴　著

目

次

第四章　真實與想像：歷史流變中的「卑南王」

　　傳說最主要的意義是反映了歷史生活與時代面貌，傳說和歷史不同的原因具體有三方面：一、傳說的性質含有幻想誇張虛構的成份很多，編寫歷史卻不允許這樣。二、傳說可以將幾十個人甚至幾百人綜合，集中在一人身上，編寫歷史是不能這樣的。三、傳說流傳的時代較長，它可以將不同時代、不同地域發生的事件黏合在一個時空裡。〔註1〕歷史是指過去真正發生的一些自然與人類活動過程，被記載的「歷史」是指人們經由口述、文字與圖像來表達的對過去之選擇與建構。〔註2〕那麼什麼是歷史事實？龔鵬程認為「歷史的真相」不是客觀不變的，而是不斷地被「改寫」與「重組」，其期間充滿了「對話的過程」，語言在傳播的過程中，會擴散、斷裂、變化、衍譯與流失，故從根本上來說，歷史並非只是層積地「造成」，而是一種解構（deconstruct）。〔註3〕因此，將許多被述說的「過去」，視為一種「社會記憶」或「歷史記憶」，所要瞭解的是這些留下記憶的「當代情境」，特別是當時的人群的資源共享與競爭關係。因此觀察多個來源所產生的「異例」，可瞭解一時代社會「情境」的複雜結構，以及一個「當代情境」與另一個「當代情境」間的延續與變遷。〔註4〕

〔註1〕萬建中：〈民間傳說的虛構與真實〉，《文化研究》第三期（2005年），頁72。
〔註2〕王名珂：《羌在漢藏之間》（臺北市：聯經出版公司，2003年），頁 xi。
〔註3〕龔鵬程：〈傳奇與傳說之間─顧頡剛和他的筆記〉，《國文天地》第 2 卷 5 期（1986年），頁 54～59。
〔註4〕王明珂：〈歷史事實、歷史記憶與歷史心性〉，《歷史研究》第五期（2001年），頁 141。

　　從「事實」到「歷史」，經過書寫者的選擇，今日所見的「卑南王」只是「曾經發生的事」的一部分，我們記住的歷史只是前者的一部分。試著觀察過往有關卑南王的文獻資料；文獻中直接以「卑南王」為記載，最早出現於明治 29 年（1896）陳英的《臺東誌》，在這之前相關文獻資料，以「king」、「頭目」、「酋長」、「土目」、「土官」和自稱為「王」為記載，因此首先將資料分為兩大部分，第一部分首先呈現在明清文獻的記載，這時「卑南王」也就是當地最具勢力的領袖多以「大土官」、「番目」稱之，第二部分以卑南王為主體描述的文獻資料，其中也包含現今網路刊載記載資料，依記錄時間分成清治時期、日治期間、國民政府、當代時期，討論卑南王在歷史過程中，如何成為當代卑南族的某種象徵符號、進而形成知識、人們的記憶。從歷史的縱深與社會文化關係交互分析，以瞭解不同的時代的脈絡、敘者的觀點與意識型態、以及複雜的權力互動關係，以瞭解卑南王傳說知識如何被建構。

第一節　清治時期

一、清初的「卑南王」敘事：大土官

　　臺灣島上雖早有人居住，然在過往書寫者的眼中皆為「番」。學者認為1550 年代起，東亞華人海盜，即中國史籍所記的「倭寇」已在臺灣進進出出，一直延續到 1624 年，這七十多年間或可定義為「東番時代」，或稱「倭寇時代」。〔註5〕早在荷蘭人來之前，臺灣這塊土地上，已有許多的「本土政權」存在。這些擁有一定權勢或影響力的實體，可能是十幾個村莊的共主，大部落的部落領袖、或是海商、海盜集團的首領等，都可泛稱為「王」。〔註6〕也就是說，早在外來的政權進入臺灣之前，已經有類似邦聯或是部落聯盟的存在，某種程度上也掌握、統治著臺灣。這樣的了解也見於連橫的《臺灣通史》，甚至認為早在唐貞觀間，這群來自馬來群島外來的勢力，最終在臺灣定著：

> 唐貞觀間，馬來群島洪水，不獲安處，各駕竹筏避難，漂泊而至臺
> 灣。當是時，歡斯氏遭隋軍之後，國破民殘，勢窮蹙，馬人乃居於
> 海濱，以殖其種。是為外族侵入臺灣之始。故臺灣小誌曰：「生番之

─────────────
〔註5〕翁佳音、黃驗：《解碼臺灣史》（臺北市：遠流出版，2017 年），頁 44。
〔註6〕翁佳音、黃驗：《解碼臺灣史》，頁 13。

語言，出自馬來者六之一，出自呂宋者十之一，迤北十七村多似斐
利賓語，說者謂自南洋某島遷來」。其言近似。而統一之者為卑南王。
王死之後，各社分立，以至今。及唐中葉，施肩吾始率其族遷居澎
湖。〔註7〕

　　連橫認為當時來自馬來群島「卑南王」，曾經一統臺灣，「王」死後才形成
臺灣島上的各社林立的情勢。隋朝大約為西元 581 年～619 年，其所稱「卑南
王」，約距今 1500 年前。在過往的歷史紀錄臺灣皆無受封的情況下，連橫將卑
南王稱「王」，推測應是將其視為「一地之王」，一地方的首領。也就是說，依
據連橫的記載，距今約 1500 年前，臺灣島上曾有獨霸一方之「王」，在「王」
死後，島上才各「社」分立。這段卑南王記錄所言時間最早，但其所稱之卑南
王，應不是今日口碑所傳的乾隆時期至北京受封的「王」。

　　連橫為記者積數十年之力，搜集有關臺灣的中外文獻、檔案和傳聞，仿照
司馬遷《史記》的體例，寫成《臺灣通史》。全書起於隋朝大業元年（605），
終於清光緒 21 年（1895），日本帝國侵佔臺灣，凡有關臺灣的政治、軍事、經
濟、物產、風俗、人物等等都有論列。連橫以「臺灣小誌曰：生番之語言……
說者謂自南洋某島遷來」〔註8〕，認定臺灣島上早期先民「統一之者為卑南
王」，但相較清代其他的文獻都無此說法。

　　康熙皇帝（1661 年）即位前，中國歷朝政府從未將臺灣本島納入領土版
圖。如《大清世宗皇帝實錄》記載：「臺灣地方，自古未屬中國，皇考聖略神
威，取入版圖。」〔註9〕連橫於《臺灣通史》自序也表示過往的文獻記載僅有
清朝：

臺灣固無史也。荷人啟之、鄭氏作之、清代營之，開物成務，以立
我丕基，至於今三百有餘年矣。而舊志誤謬，文采不彰，其所記載，
僅隸有清一朝，……

　　撰《臺灣通史》連橫自許：「起自隋代、終於割讓，縱橫上下，鉅細靡
遺，而臺灣文獻於是乎在。」〔註10〕或許在其蒐集之民間傳聞，有「卑南王」
一統之說，再佐以其他史料相結合，其判斷瞭解臺灣的原住民族中，只有「卑

─────────────

〔註7〕連橫：《臺灣通史》（臺北市：臺灣銀行經濟研究室，1955 年），頁 5。
〔註8〕連橫：《臺灣通史》，頁 6。
〔註9〕臺灣銀行經濟研究室編：《清世宗實錄選輯》（臺北市：臺灣銀行經濟研究室，
　　　　1963 年），頁 4。
〔註10〕連橫：《臺灣通史》，頁 16。

南王」在臺東地區曾一度的完成過區域部落的一統大業〔註11〕，因而有「唐貞觀間……統一之者為卑南王」的記載。所謂「王」的形式多樣，除了指君主之外，亦可是一些地方的首領或是最傑出的人員，例如「諸侯王」、「藩王」。連橫雖無清楚載明「王」的統治是何種形式，但，如果依卑南族的神話時間來推斷，這樣的說法在卑南族人的觀點，時間點甚至可能還太晚了。「臺灣地方，自古未屬中國」，「卑南王」坐地為王的形式，應該是存在，也就可以反映早在荷蘭以前，往返東西貿易的商人對此地的說法，記下這裡有一個「king」。荷蘭文獻的「king」應是一個大人物的觀念，指有地位有名望的人，〔註12〕也就是指臺灣島上獨霸一方之「王」。

清廷治理臺灣時，無封地方為「王」之事；之後因「朱一貴事件」事件，「卑南覓」首度出現在藍鼎元的記載。藍氏分別在《東征集》卷二／檄淡水謝守戎、卷六／紀臺灣山後崇爻八社寫下：「本鎮經遣弁員，賣檄往諭卑南覓大土官文結，鼓舞七十二社番黎，以兵搜捕，將山後所有逸賊，盡縛以來。」、「經遣弁賣檄往卑南覓，諭大土官文結，鼓舞七十二社土番，遍山搜捕」，〔註13〕兩項記載為公文書，均以藍廷珍總兵口氣記載。「檄」為古代官府用以徵召或聲討的文書，藍鼎元是以「傳檄獎諭」、「鼓舞七十二社土番」，可見藍鼎元對於當時的卑南覓社，尚無法完全掌控，只能以「賞以帽靴、補服、衣袍等件」誘之。

藍鼎元在臺灣一年餘，返鄉後撰寫《平臺紀略》，寫下「復令鄭國佐往郎嬌，繞行山後，至卑南覓，傳檄獎諭大土官文結，以官帶補服賞勞之」〔註14〕《治臺必告錄》卷一藍鼎元「鹿洲文集」記載：「經遣弁賣檄往卑南覓諭大土官文結鼓舞七十二社土番遍山搜捕，並無逸賊及漢人踪跡」〔註15〕；從以上記錄中可見當時的卑南覓大土官文結，官方是以「傳檄獎諭」、「鼓舞七十二社」勸誘方式，請其協助將山後所有逸賊盡縛以來。但之後的文獻記載都以「賣檄往諭卑南覓社大土官文結」。如：《續修臺灣府志》記載：

〔註11〕 宋龍生：《臺灣原住民史卑南族史》，頁219。
〔註12〕 未著撰人：〈大人物〉，《教育百科網站》（中華民國教育部，2014 年），https://pedia.cloud.edu.tw/Entry/Detail/?title=%E5%A4%A7%E4%BA%BA%E7%89%A9。
〔註13〕 藍鼎元：《東征集》，頁25。
〔註14〕 藍鼎元：《平臺紀略》（臺北市：臺灣銀行經濟研究室，1958 年），頁25。
〔註15〕 丁曰健：《治臺必告錄》（臺北市：臺灣銀行經濟研究室，1959 年），頁44。

其令外委千總鄭維嵩，率健丁十數人駕舟南下，由鳳山瑯嶠至沙馬
磯頭轉折而東，齎檄往諭卑南覓大土官文結，賞以帽靴、補服、衣
袍等件，令其調遣崇爻七十二社社番遍處搜尋……〔註16〕

清代各方志對於此事件記錄是「令其調遣崇爻七十二社」，如《淡水廳
志》〔註17〕、《噶瑪蘭廳志》〔註18〕、《彰化縣志》〔註19〕、《重修鳳山縣志》
〔註20〕等。各家方志的記錄者，並無法知悉當時的「文結」如何「調遣七十
二社」，卻在之後的記錄，輕易捨去「鼓舞七十二社土番」之文字，顯見是
以文抄文，更遑論是一知半解。藍鼎元當時僅以「令鄭國佐往郎嬌」，未親
自到卑南覓，懸賞「凡擒解山中漢人一名，該番賞布三十尺、鹽五十斤、煙
一斤。獲劇賊者倍之。有能擒獲王忠，當以哆囉哖、嗶吱、銀兩、煙布、食
鹽等物，大加犒賞。」認為豐厚的懸賞，「餘孽應無容身之地也」。對於逃脫
之人，更認為「卑南覓」屬蠻荒之地，不適人居「縱有一二漏網，而山中既
不可居，待其出而擒之，如籠中之鳥、釜中之魚，烏有不滅者哉？」。藍鼎
元如此寄望後山七十二社殲滅民變，但卻又寫下「番性嗜殺，本鎮不得已而
用。」〔註21〕這樣刻板印象，幾乎在清代文獻普遍流傳。「文結」是否派員捉
拿民變之人無法知悉。文獻都僅記載「傳檄獎諭大土官文結」。民間卻有傳聞
「朱一貴事件」叛逃之人，最後與呂加望社混居，〔註22〕可見「文結」的封號，
最初可能僅是清廷一廂情願的做法。這起民變讓清廷遷界徙民、築牆為界，嚴
禁漢人、生番越界，這種「漢番不兩立」的隔離政策延續了數十年。

康熙 61 年（1722），黃叔璥以首任巡臺灣御史東渡來臺。當時臺灣甫經朱
一貴事件，黃叔璥對藍鼎元所記之「齎檄往諭卑南覓大土官文結」，寫下「番長
名文吉，轄達里、武甲等七十二社，歲輸正供銀六十八兩零；南仔郎港可以泊
船。由卑南覓一日至八里埔，又一日至加老突，文吉所屬番界止此。」〔註23〕記

〔註16〕余文儀：《續修臺灣府志》（臺北市：臺灣銀行經濟研究室，1962 年），頁 738。
〔註17〕陳培桂：《淡水廳志》（臺北市：臺灣銀行經濟研究室，1963 年），頁 377。
〔註18〕陳淑均：《噶瑪蘭廳志》（臺北市：臺灣銀行經濟研究室 1963 年），頁 239。
〔註19〕周璽：《彰化縣志》（臺北市：臺灣銀行經濟研究室，1962 年），頁 438。
〔註20〕王瑛曾：《重修鳳山縣志》（臺北市：臺灣銀行經濟研究室 1962 年），頁 352。
〔註21〕藍鼎元：《東征集》，頁 22。
〔註22〕呂家望社的地理位置，它正處在知本北上進入東臺縱谷谷口或到寶桑之中途
休息站上。呂家望社的組成份子就呈現有相當的多源性，尤其是在朱一貴事
敗之後，有很多的叛黨份子跟隨著王忠等人遁入後山，有些人即落籍於呂家
望社。宋龍生：《臺灣原住民史卑南族史篇》，頁 270。
〔註23〕黃叔璥：《臺海使槎錄》，頁 160。

載納貢的數目，一如 1696 年之文獻記載，巡臺御史調查內容多屬行政疆域調查。

　　黃叔璥《臺海使槎錄》，大約是在康熙 61 年（1722），其中〈番俗六考〉與〈番俗雜記〉兩卷對臺灣島上的平埔族與生、熟番紀事，學者認為頗為詳實，特別是黃叔璥走訪各地所得，有助於瞭解當時的番社與民、番往來。〔註24〕當時的「後山七十二社」，收錄於「南路鳳山瑯嶠十八社」的附錄中，主要以卑南覓為中心點，向北向南各自延伸，「卑蘭覓」係番社總名，在傀儡山後沿海一帶；地與傀儡山相連，中有高山聳起。從南路前往貿易，其間番社間隔，經常出草，陸路往山後崎嶇難行，若遇陰雨，更是難行。雖行旅不易，通往東部還是發展出水路與陸路兩款交通路徑，水路北路由雞籠、淡水南下至崇爻一帶；南路則由瑯嶠沿著海岸，越沙馬磯頭而東，再沿海岸北行至卑南覓。陸路：一、由淡水越嶺下至崇爻；二、由諸羅越過中央山脈抵崇爻；三、由瑯嶠沿海岸達卑南覓。以卑南覓為中心，詳實記載四周之番社。

　　巡察臺灣監察御史任務乃是對於當地的官員，做嚴格的直接考核和糾舉，和向皇帝報告當地重要民情。黃叔璥的〈番俗六考〉對臺灣原住民族作客觀瞭解，日後能對地方官員的措施做出考核糾舉。因此，一般官員對於原住民的那種「劣民」「刁民」「蠢笨」「太古之民」等，遣詞用字和刻板印象，在〈番俗六考〉的主文上都不曾出現，它乃是一種盡量尋求客觀實情的作品。黃叔璥動用「巡台御史」的權力，要求許多人協助調查各番社的生活狀況。包括分巡台夏道陳大輦、鳳山縣令楊毓健、臺灣縣令周鍾瑄、通事鄭宇、拔貢施世榜等人。〔註25〕對於藍鼎元口中可「令」一統七十二社的卑南覓社總領袖，僅是記名「文吉」，為一地之蕃，其所轄地甚廣，其餘並無其他記載。特別記載「歲輸正供銀」，應是站在清王朝的統治立場來寫，強調已歸化清朝。令人甚是好奇，當時「大土官文結」是否有陪同前去調查之人？若有，黃氏之記錄無寫入其中；若無，可見清廷「巡察臺灣監察御史」，對這位大土官「文吉」似乎還是鞭長莫及，或許也是因此，在黃叔璥的記錄，不見對其進一步的描述。也驗證清廷封「文結」大土官的封號，最初可能僅是清廷一廂情願的做法。

〔註24〕中央研究院臺灣史研究所編繪：〈康熙六十一年（1722 年）《臺海使槎錄》「後山七十二社」番社位置圖〉，中央研究院：《臺灣歷史文化地圖系統》第一版，（臺北市：中央研究院，2003 年 9 月），http://thcts.ascc.net/themes/rc18-3.php。
〔註25〕林慶元：《黃叔璥傳》（南投，臺灣省文獻委員會，1998 年），頁 54～55。

二、封山劃界時期的「卑南王」敘事：女土官

康熙 61 年（1722），東部實施封山劃界，嚴禁西部人民逾越。雍正 13 年（1735）乾隆皇帝即位，對臺灣也無心思經營，大多採取放任政策，臺灣長年皆處於吏治敗壞的狀態。〔註26〕林爽文事件清廷派軍不足四萬，費時一年四個月平定，藉助閩、粵間之矛盾，並結好原住民圍堵林爽文的部眾，才結束民變事件。乾隆把平服林爽文事件，列為「十全武功」之一。乾隆 52 年（1787 年）皇帝特別「嘉」獎諸羅縣義民「義」舉，將諸羅改名「嘉義」。〔註27〕福康安特別奏准將有功「番」社頭目，前往北京晉見以為榮寵。原住民族祝壽團成員於 9 月上旬，陸續抵達臺灣府城集合，府城人夾道觀賞，「郡城百姓人等見生番，往來街市上，俱夾道擁觀，傳為太平盛事。」〔註28〕

道光 2 年至 10 年（1822～1832），在臺灣任職接近十年的鄧傳安，上任北路理番同知寫下聽聞：「聞南路之卑南覓亦有官置社丁首」，協助「搜山擒賊的文結」後「女土官」繼任，描寫其「寶珠盛飾，如中華貴家，治事有法，或奉官長文書，遵行惟謹。聞其先本逃難漢人，踞地為長，能以漢法變番俗；子孫並凜祖訓，不殺人、不抗官。」〔註29〕

《臺東縣史‧開拓篇》考證「文結」應是卑南社的第十五代頭目 Ongte（文結），接下來為 Sumuruno，再為 Kulasai，也就是比那賴的父親。〔註30〕姑仔老（Kulalrau），有末代「卑南王」之稱，這位「卑南王」生於咸豐 10 年（1860），是第 22 代大頭目。〔註31〕在 1822～1832 年間，卑南覓並無女土官繼任的說法。歷史上臺灣原住民族社會的土官，並非部落世襲的酋長，是清廷透過遴選派任，協助官府管理部落和收取租稅，主要施行於熟番各社。在清代治權未及的生番領地，如：南部傀儡番社會中，曾出現女土官「蘭雷」；

〔註26〕戴寶村：《臺灣政治史》（臺北市：五南出版，2006 年），頁 95～96。
〔註27〕臺灣史料集成編輯委員會編：《清代臺灣關係諭旨檔案彙編》第二冊（臺北市：文建會，2004 年），頁 87、113；許達然：〈十八及十九世紀臺灣民變和社會結構〉，《臺灣文獻》（南投：臺灣省文獻會，51：2（2000 年）），頁 57～58。
〔註28〕郝時遠：〈清代臺灣原住民赴大陸賀壽參訪的歷史意義〉，引中國歷史第一檔案館藏，《軍機處錄副奏折－乾隆朝》，徐嗣曾：〈生番等于八月二十八日啟程瞻覲〉，全宗號 3、卷 7944、號 36。www.tailian.org.cn/n1080/n1125/n682667/n682761/index.html。
〔註29〕鄧傳安撰：《蠡測彙鈔》（臺北市：臺灣銀行經濟研究室，1958 年），頁 2。
〔註30〕孟祥瀚纂修：《臺東縣史‧開拓篇》（臺東：臺東縣政府，2001 年），頁 37～38。
〔註31〕姜祝山、孫民英、林娜鈴撰文：《臺東南王社區發展史》，頁 97。

記載心武里社女土官「蘭雷」，因死於屏東客民之手，引發後續的原住民出草客庄事件，當地官員更因辦案不力丟官，成為當時少見的案例。〔註32〕這位「蘭雷女土官」在黃叔璥的〈番俗六考〉也曾有下列記錄：

> 雍正癸卯秋，心武里女土官蘭雷為客民殺死。〔註33〕

> 毛系系社女土官弟勞里阮頭帶竹方架，四圍用紅雨纓織成，中有黃花紋，遠望如錦，纏繞竹上，名達拉嗎；亦有飾以孔雀毛者云。〔註34〕

> 正土官刺人形，副土官、公廨祇刺墨花而已，女土官肩臂手掌亦刺墨花：此即之別。〔註35〕

女土官還有個特徵，「肩臂手掌亦刺墨花。」以示其身分。

人類學者將臺灣原住民族的社會文化特性，概分為「階級制」和「非階級制」二大類型。〔註36〕階級制社會的特徵為首長制，有明顯制度化的政治領袖，繼承方式為自動繼承或選擇性繼承，排灣、魯凱、鄒、阿美和卑南大略屬於這種類型；非階級制社會則強調平權及個人能力—即大人物制（big men）社會，部落領袖是依個人能力推舉出來，如布農、泰雅、雅美等族。在階級制社會中，排灣族可說是典型代表，其社會分為貴族、士和平民三種階級頭目位於貴族階級頂端，是部落裡最重要的人物，擁有土地使用權、華麗服飾和門楣雕刻等權力，但也肩負著仲裁族人糾紛、與其他部落交涉談判等責任。頭目傳承是長嗣制，由於不分男女，因此歷史文獻常有「女土官」的出現。〔註37〕心武里、毛系系（毛絲絲）、加泵社均為清代傀儡山生番，地理位置約在今日屏東平原一帶，同屬排灣族群。

「卑蘭覓」在清初一直被稱「傀儡蕃」，記載與傀儡山相連，中有高山聳起。鄧傳安在《蠡測彙鈔》自敘：

> 初為北路理番同知，戴星于役，嘗東至彰化界外之水沙連各社，北

〔註32〕杜曉梅：〈女土官蘭雷、冷冷與寶珠：清代臺灣原住民女性人物的書寫與研究〉，《臺灣風物》67：3（2017年9月），頁23～54。

〔註33〕黃叔璥：《臺海使槎錄》，頁152。

〔註34〕黃叔璥：《臺海使槎錄》，頁152。

〔註35〕黃叔璥：《臺海使槎錄》，頁152～154。

〔註36〕黃應貴在〈臺灣土著族的兩種社會類型及其意義〉文中提出此論時，原住民族仍為9族，尚未擴展至現今16族群。該文收錄於氏著，《臺灣土著社會文化研究論文集》（臺北市：聯經出版社，1986年），頁3～43。

〔註37〕杜曉梅：〈女土官蘭雷、冷冷與寶珠：清代臺灣原住民女性人物的書寫與研究〉，《臺灣風物》67期第3卷（2017年9月），頁25。

至淡水之艋舺八里坌，望雞籠山甚近。迨治郡由假而真，又嘗南至
鳳山之埠頭；……既因見見聞聞，以參考志乘及文集雜記之異同得
失；〔註38〕

可見鄧傳安並未親訪卑南覓，可能引用藍鼎元及文集雜記之記載，再加上耳
聞寫下這段記錄，似乎將「女土官」張冠李戴，資料錯置。鄧傳安在其任北
路理番同知時，認為卑南覓雖已歸化，但其「不薙髮、不衣冠」、「依然狉狉
榛榛」，認為尚未開化。因此鄧傳安建議清廷對番社實施「改土歸流」。〔註39〕

「改土歸流」又稱土司改流、廢土改流，是指將原來統治少數民族的土
司頭目廢除，改為朝廷中央政府派任流官，到清朝雍正年間則大規模實行。
鄧傳安在擔任北路理番同知，曾建議改土歸流設官府撫治，以治理蕃社，但
並未被採納。但「女土官寶珠」這樣的說法，之後在《東瀛識略》被引用，
丁紹儀甚至還「更上一層樓」，將女土官「寶珠」認為是漢人名妓的想法。

《東瀛識略》指出「嘉慶時」有「女土官寶珠」。傳聞因「朱一貴亂」遵
令擒賊，因而被封土官。記載摘要如下：

1. 朱一貴亂遵令擒賊，官獎以六品頂戴袍靴及幼子亦為土官，雄冠
   諸社。
2. 有獻珊瑚頂珠者，遂自稱卑南王。
3. 思得一佳麗為妃；臺郡有妓聞之，欣然願往。
4. 番本重女，既得妓，嬖甚，一惟所命；乃革除舊俗，教以中華禮
   法。〔註40〕

嘉慶年間大約於1796～1820年，從此則民間傳聞可得知，當時民間早已
有「卑南王」之稱號，據丁紹儀撰《東瀛識略》「自序」：

清道光丁未年（1847）秋渡臺，嘗佐臺灣道仝卜年幕。在臺勾留八
閱月，凡臺事之堪資談助者，輒筆識之，並附所見，便成此書〔註41〕。

由此可見丁紹儀也未至卑南覓，但遠在西部彰化，當時卻已可蒐集到「卑南
王」的傳聞，可見卑南王在臺灣島上應是普遍的傳聞。民間已將「朱一貴事
件」，清廷「齎檄往諭卑南覓大土官文結。賞以帽靴、補服、衣袍等件」，與
1786年「林爽文事件」，傀儡社加六賽至北京之事，得皇帝賜珊瑚頂珠開始

〔註38〕鄧傳安：《蠡測彙鈔冊數》（臺北市：臺灣銀行經濟研究室，1958年），頁1。
〔註39〕鄧傳安：《蠡測彙鈔冊數》，頁1～2。
〔註40〕丁紹儀：東瀛識略（臺北市：臺灣銀行經濟研究室，1957年），頁78～79。
〔註41〕丁紹儀：《東瀛識略》，頁2。

混淆層累。記載「自稱為王」的說法，應是以清廷官員治理角度所寫。丁紹儀記載女土官寶珠「革除舊俗，教以中華禮法」在推動部落同化，等於中國文化上所扮演的角色，推測其為名妓寶珠，並認為在其治理下大不同其他番社：

> 故卑南覓七十餘社最循謹，其風俗早與他番不類。寶珠亦不類番女名，所謂女土官殆即妓歟？〔註42〕

兩位女性人物，一位是貌似漢人的原住民；一位是貌似原住民的漢人，這讓丁紹儀推測她們必然是同一人。學者認為「寶珠」藉由跨越族群界限、生活在原住民當中，同時利用兩個條件：原住民社會中的性別倒錯，及所屬族群的優越地位，提升她了的名望。這個故事巧妙說明：在某些情況下，帶來特權的是族群；在另一些情況下，帶來特權的則是性別。從名妓身分戲劇化地躍升為頭目，「寶珠」不僅跨越族群界限，也跨越社會地位的界線。「盛飾如中華貴家」讓寶珠的身分因而保持在模稜兩可的狀態，在原住民與文明人之間，在低賤與高貴之間，在母權與父權之間。寶珠的權力，便是衍生自此種閣閾限性質，此種模糊曖昧的狀態。〔註43〕丁紹儀將「寶珠」張冠李戴，不求實事，還加入天馬行空之想像，可知封山設界的時的後山，訊息封閉，官員將其視為化外之地；對文人而言，臺灣東部更是一個未開化，沒有文化的蠻荒之地，論述記載將東部形容成沒有禮教、野蠻原始的區域；對於「女土官」視為異文化的奇觀，還將傳聞與所讀的歷史記載相結合大膽推測。「女土官盛飾如中華貴家」的記載，連橫在〈臺東拓殖列傳〉如此記載：

> 康熙六十一年朱一貴之變，餘黨王忠竄入卑南，有眾千人，聚處大湖，蓄髮持械，耕田自給。總兵藍廷珍慮其復亂，檄千總鄭維嵩往諭土目文結搜捕，凡漢人皆逐之。文結之祖亦漢人，避難，竄於卑南，踞地為長，能以漢法變番俗。子孫凜祖訓，不殺人，不抗官。其後女土目寶珠，盛飾若中華貴婦，治家有法，或奉官長命，遵行惟謹，故漢人至者日多，而臺東愈闢矣。〔註44〕

連橫似乎再度綜合各家說法，將第一階段的大土官「文結」，加入先祖為漢人，其後裔「凜祖訓，不殺人，不抗官其後女土目寶珠，盛飾若中華貴

〔註42〕丁紹儀：《東瀛識略》，頁 78。
〔註43〕鄧津華：《臺灣的想像地理》，頁 219。
〔註44〕連橫：《臺灣通史》，頁 816。

婦，……」。連橫所言「文結之祖亦漢人，避難，竄於卑南……」，宋龍生認為這恐非事實。他認為早在康熙 61 年（1722）前「朱一貴事件」更早的年代裡，也就明鄭時期或更早，文結的祖輩是避何難而來呢？以至於逃竄於卑南而據地為長？宋龍生從卑南族的中古史檢查，當時的漢人應在還沒有進入到後山，漢人的教化「以漢法變番俗」，「子孫凜祖訓，不殺人，不抗官」等，忽略了卑南族自中古時代開始，在臺東控制的領地內，扮演的領土主權主人，和維持區域內和平安定的重要角色。卑南族有一貫的社會結構制度。直至清政府要離開臺灣時，漢人對卑南族的影響其實是相當有限的。〔註45〕連橫的敘述，可能與中國文人以「漢」為中心的思想有關。

三、開山撫蕃時期的「卑南王」敘事：自稱卑南王

進入「開山撫番」階段，「自稱卑南王」一詞進入官方文獻；清廷沈葆楨的「開山」，即打通阻隔東西部間之中央山脈的道路。當時規劃為開築 3 條橫貫山路，北、南、中各一條，官兵們在開路過程中，逢山就挖隧道，過溪谷便搭橋，在當時條件下，工程之危險和艱鉅不難想像，再加上原住民族不明原委、恐居所遭到侵犯，經常襲擊官兵，也造成不少傷亡。文獻記載沈葆楨智慧地化阻排難，一方面嘉獎有功官兵，安撫提振士氣；另方面招徠原住民族參與開墾，並給予工資。南路由屏東枋寮至臺東卑南，共計 214 里，3 條合計逾 700 里（約 350 公里）的道路，僅 1 年多就完全開通。光緒元年夏獻綸記載開路後山，分作三路進兵，已至繡姑山邊界；南路因水工惡劣、瘴癘薰蒸，兵勇多有觸之而染病者；南路上屬生番之處，倔強不服，還好皆生番為之翼助。〔註46〕可見開山關鍵是「生番為之翼助」，所指生蕃應是「卑南王陳安生」。

袁聞柝開山至崑崙坳時，記載卑南番目陳安生等自率番眾循山關路，出至崑崙坳相迎，路途中還將卑南社素仇「武甲」率眾伏殺之，這樣的情節似乎似曾相識，彷彿當初之卑南社協助荷蘭尋金，尋金路途中藉其力量殲滅宿敵：

> 卑南番目牙等、陳安生等已自率番眾由本社循山關路，出至崑崙坳相迎；其附近番社各繳倭旂多面，以示輸誠。八月初八日，復有崑崙坳及內社番目率二百許人來袁營，請領開路器具，願為前驅；分

〔註45〕宋龍生：《臺灣原住民史卑南族史篇》，頁 249。
〔註46〕臺灣銀行經濟研究室編：《清季申報臺灣紀事輯錄》，頁 552～553。

別賞賚訖。詎其旁有望祖力社兇番——其目名武甲，及卑南社素仇，
率眾伏殺之；番與抵禦，殺武甲等三人。袁聞析急馳至，排解之。
星使慮袁軍之深入無助也，以副將李光率勇三哨縶雙溪口、遊擊鄭
榮率一營駐內埔莊應之。〔註47〕

夏獻綸開路順暢其實是因卑南覓相助，然其僅輕描淡寫：

今則自卑南以逮蘇澳，拔木通道，數百里窮髮儋耳之民，咸得沐浴
王化；則自光緒紀元之開山撫番始，而輿圖始可得而志也。〔註48〕

光緒二年，吳贊誠兼署福建巡撫，在使閩期間，曾經兩渡臺灣辦理「開山
撫番」事宜。也同樣引用藍鼎元的記載，認為卑南覓只是過去歷史，對於「卑
南王」認為是「卑南覓一社，乃南路十八番社之主，其番目自稱為「卑南王」
〔註49〕。對於卑南各社則認為「就撫已久，番情尚屬馴良。其中卑南覓大社，
向為七十二社之長；歸化最早。」記載「酋長」為「該社酋長或奉檄搜捕、或
遠出迎師；屢受銀牌、衣服之獎，至今傳為家寶。」以「屢受」來描寫清廷賞
賜，可見對卑南社的過往甚孰悉，曉諭卑南頭目陳安生、鄭仁貴，之後「陳安
生、鄭仁貴等即首先薙髮具結；各社聞風一律遵辦，使倭人無從藉口。」這樣
的情節似曾相見；荷蘭東印度公司至卑南覓時，「卑南領主」選擇歸順荷蘭，
下令屬下 10 個小村莊歸順荷蘭東印度公司。〔註50〕卑南領主下的「10 個小
村」歸順，很快也影響了其他周遭的鄰社紛紛歸順。

開路、撫番諸事，陳安生甚為出力；吳贊誠還特別描述：「時有以邪教相
誘者，約束子弟，不為所惑——惜於本年春間身故。〔註51〕」對於陳安生之死甚
感遺憾，還親探陳安生之子，並說其子已可背誦「訓番俚言」：

臣復親至卑南覓；社中議事公所名曰「笆樓館」者，茅屋雖不甚整
潔，而竹樹環繞數里，極為茂盛。該社設有義塾，已故番目陳安生
之子年七、八歲，能背誦故撫臣王凱泰所刊「訓番俚言」，琅琅可
聽。〔註52〕

〔註47〕羅大春：《臺灣海防並開山日記》（臺北市：臺灣銀行經濟研究室，1972 年），
頁 25～26。
〔註48〕夏獻綸：《臺灣輿圖》（臺北市：臺灣銀行經濟研究室，1959 年），頁 75。
〔註49〕臺灣銀行經濟研究室編：《清季申報臺灣紀事輯錄》（臺北市：臺灣銀行經濟研
究室，1968 年），頁 553。
〔註50〕江樹生譯註：〈熱蘭遮城日誌／I-K／1638-03-10〉。
〔註51〕吳贊誠：《吳光祿使閩奏稿選錄》（臺北市：臺灣銀行經濟研究室，1966 年），頁 9。
〔註52〕吳贊誠：《吳光祿使閩奏稿選錄》，頁 9。

　　開山撫番初期的兩位官員：夏獻綸〔註53〕於同治 11 年（1872 年）接替潘駿章擔任按察使銜分巡臺灣兵備道，光緒 5 年（1879 年）卒於任按察使銜分巡臺灣兵備道，前身為福建分巡臺灣兵備道，是臺灣道的主官正式官職，即清朝臺灣統治區的實際統治者。此官職名稱又稱為台道或亦可稱為臺灣道、分巡臺灣道。〔註54〕吳贊誠〔註55〕在使閩期間，曾兩渡臺灣辦理「開山撫番」事宜。兩位官員對於卑南覓的大土官引用藍鼎元的記載，對於此地最具勢力的領袖「曾受銀牌、文服之賜，至今藏之」，只是過去歷史，對於「卑南王」認為是其自稱為王。然從「開山」之記錄可推知，當時卑南覓之頭目陳安生勢力不容小覷，所謂自稱「卑南王」之記載，應僅是礙於自身為清朝官員，明知此地無封王之事；對於自稱「卑南王」，並無視其為反叛；與朱一貴事件，定國號為「大明」，建元永和，並受眾人擁戴為「中興王」，自稱「義王」，世人俗稱「鴨母王」、「鴨母皇帝」態度大大不同。可見當時、當地，卑南王的勢力足以稱「王」，已是官、民皆知之事。

四、「大土官」與「卑南王」

　　「卑南王」敘事，荷蘭時期稱「king」，清初「命大土官」，封山設界時期「女土官」、開山撫蕃的「自稱卑南王」，「卑南王」坐地為「王」的形式，從荷蘭時期即一直被延續下來，也就可以反映為何民間一直有卑南王的傳說，隨著歷史因而不斷增添傳說情節。清治理臺灣長達二百多年，在漫長的時間裡，大清帝國的官吏、文人，相繼與卑南覓上最具勢力者「卑南王」相遇，他們在具體接觸的過程中，如何去認識這位「王」？如何去書寫？其中又蘊涵何觀點？

　　康熙 35 年（1696），卑南覓等 65 社歸附納餉，成為大清子民。此時卑南覓社仍是東部地區的實際統治者，清廷以冊封大土官方式，維持名義上之治權。直至康熙 60 年（1721），朱一貴起事。清廷慮其餘黨遁跡東部，乃賞大土官文結以帽靴、補服、衣袍等，命其調遣東部 72 社協力捕捉朱之餘黨。此為清朝官方力量第一次進入東部。同年福建巡撫楊景素下令沿山立石設隘，禁止漢、原互越，至此臺灣東部實施封山設界。這段期間文獻所描述的卑南

〔註53〕夏獻綸、字芝岑，號筱濤，江西新建人清朝官員。
〔註54〕引自臺灣銀行經濟研究室編輯室臺灣輿圖書籍說明。《臺灣輿圖書籍》（臺北市：臺灣銀行經濟研究室，1959 年）。
〔註55〕吳贊誠字存甫，安徽盧江人。

社最具勢力之領導人「卑南覓社大土官文結」，直到光緒元年「開山撫番」政策，記載「番目自稱為卑南王」。

被民間稱為「卑南王」的大土官，分別由藍鼎元、黃叔璥、鄧傳安、夏獻綸、丁紹儀、吳贊誠所記載。六位皆為清廷官員或輔佐清廷官員，藍鼎元、黃叔璥所載之紀錄，更被不斷引用轉述，幾乎囊括清代方志。朱一貴事件清廷才動念東部的番社協助，對於從未踏足的臺灣東部，僅知山後地方，有崇爻、卑南覓等社，以官式行政命令圍剿。即使黃叔璥親至臺灣，也僅「一知半解」，記錄「番長名文吉，轄達里、武甲等七十二社，歲輸正供銀六十八兩零」。進入封山設界時期，文獻記載僅是朱一貴事件協助圍剿，訊息的封閉，讓文人對於此憑添想像，創造女土官寶珠。開山撫番政策實施後，打開通往後山之門，也僅知「歸化最早卑南覓者，周圍數十里，番社鱗比」，吳贊誠、夏獻綸因卑南覓相助開路順暢實，對其僅輕描淡寫。對於一直統管臺灣東部的最具勢力的人，直到光緒元年（1875），文獻上僅出現「番目自稱為「卑南王」。清廷文獻為何會如此記載？

清領初期承明朝的觀念，視臺灣為化外之地未納入版圖，不屬於中國。乾隆年間《重修福建臺灣府志》寫道：「臺灣府，古荒服地，先是，未隸中國版圖。」〔註56〕清代以國家為中心，依統治的距離將臺灣原住民族分為「生番」、「化番」與「熟番」，三者的身分依國家設定的界線而決定，在國家統治內賦予不同的角色。清代文人通常將臺灣所有原住民稱作「番」，本身含有貶義，不只有「非我族類」之義，且有「未開化民族」，甚至「不是人」的意味。他們對臺灣原住民族的基本分別，主要以「受教化」（漢化）與「歸附納餉」之有、無，作為判別標準，兩者具備者為「熟番」，反之為「生番」。

郁永河、藍鼎元、黃叔璥、鄧傳安等，不斷地表現出清代文人對於臺灣地理知識的認知及番人的印象，從「生番」到「熟番」、「兇番」，描述眼中的臺灣：蠻夷之地、地大人稀、無人墾殖，無視原住民族存在。如藍鼎元先描寫：「山後地方，有崇爻、卑南覓等社，東跨汪洋大海，高峰插天，巖險林茂，溪谷重疊，道路弗道」。後又對於居住於此的住民寫下：「土番頑蠢無知，近亦習行狡偽。……鳳山以下，諸羅以上，多愚昧渾噩，有上古遺意。」〔註57〕再依土著民族漢化的深淺程度，區別為「土番」與「野番」兩大類；其後又依歸化

〔註56〕劉良璧：《重修福建臺灣府志》（臺北市：臺灣銀行經濟研究室，1961年），頁39。
〔註57〕藍鼎元：《平臺紀略》（臺北市：臺灣銀行經濟研究室，1958年），頁55。

與否，分為「熟番」與「生番」。〔註58〕

　　「夷」、「番」是漢族「嚴華夷之別」下的產物，有賤視意味，「番」是明中葉以來對臺灣原住民族的稱呼。〔註59〕明代以來被稱為「東番」或「番」。〔註60〕「番」字古訓「武勇」之意，本來不含賤視之意。但自隋、唐以來，常用以稱「異族」之人，中原人向來多賤視「異族」，後來就變成含有賤視意味的名稱。中國傳統的「華夷」世界觀，認為自己居於世界中心，面對居於四周之民族則視以一種有缺陷的，不完整的人類或甚至是「非人」。如：中國四周族群分佈結構稱為東夷、西戎、南蠻、北狄，前兩者的名稱一是指用弓的人（東夷），另一是指興干戈的人（西戎），這兩個指稱都有直接指控「東夷」和「西戎」是好戰者的意思。從儒家的觀點來看，與好戰同一個意思的就是野蠻。中國東方的民族很早就被同化，所以「東夷」之稱很快地成了歷史名詞。南方的族群則沒那麼幸運，受到「非人」稱呼的對待一直延續到二十世紀，學者歸納起來有三個因素：〔註61〕

（1）中國文明的「正統」被認定發展於北中國，因此長久以來、對南方有一種輕視感。

（2）中國人對南方的接觸晚，瞭解少，一直受到誇大的描測與想像。

（3）南方民族構成複雜，一直未形成如北方匈奴或突厥等的大帝國來和中國抗衡，因此無法得到漢人的尊重。〔註62〕

　　謝世忠則認為「番」的得名應是與上古的「戎」或「夷」具有相同的背景。臺灣的「東番」或「番」，應也是有同樣的背景。唯一與西番不同的是，受「西番」之苦的是中國政府，受「東番」之苦則是一般漢人移民或過境船商。換句話說，臺灣原住民族對移民漢人的強硬對待，也使他們得到「好戰的野蠻人」的名稱。〔註63〕

　　臺灣過去的文獻資料，明顯看到書寫者的角度與視野，書寫者以自身的價值系統進行對「非我族」評價和分類，史學家常因為傳統文化背景和學術

〔註58〕藍鼎元：《平臺紀略》，頁63。
〔註59〕潘英：《臺灣原住民族的歷史源流》（臺北市：臺原出版社，1998年），頁29。
〔註60〕同潘英：《臺灣原住民族的歷史源流》，頁29～32。
〔註61〕謝世忠：《認同的污名：臺灣原住民族的族群變遷》（臺北市：玉山出版社，2017年），頁54～55。
〔註62〕謝世忠：《認同的污名：臺灣原住民族的族群變遷》，頁54～55。
〔註63〕謝世忠：《認同的污名：臺灣原住民族的族群變遷》，頁57。

訓練，寫史有特定大中國的立場、觀點和治史方法，因此書寫上有很大的限
制，主要是在於封建思想，充滿大中國思維，以中國的歷史記載和論述為正
史，周遭的民族發展以方志呈現，形成一中心、一邊陲的相對位置和觀點。
因而將不同於中原文化的其他民族之社會風俗習慣，界定為「野蠻」、「落
後」、「懶惰」。歷史的論述中殖民者被殖民者描述為無史，即使被殖民者已
有千年歷史，也將之描述為歷史消跡的狀態，在書寫過程中被記述的人，歷
史常遭到塗消、匿跡，彷彿「番人」沒有歷史。「化外之地」指文明地區以
外的地方，沒有開化的地方。自古臺灣、海南、新疆等一些較偏遠中原且受
中華文化影響較淺的地方都被視為化外之地。中國歷史上「華夷之辨」，大致
從地理、血統、道德、政治、外交、經濟、文化等七方面區別「華」、「夷」。
〔註64〕華夷之辨的提倡者認為華夏居於中原，為文明中心，認為周邊國家或
地區的文化則較落後，是「蠻族」、「化外之民」。中國皇帝是天子，中國皇
朝是天朝，其他國家和中國的關係是貢國和屬國關係，其首領最多只能稱為
「王」。

　　長久以來，作為歷史古文明的漢人都潛在的有一種中華文明觀，就是化
外之地即為蠻荒之地的概念，在朝廷統治之下即是文明開化之地，國家力量
所不及之處就是蠻夷。臺灣東部在清文獻記載一直是「未歸王化、未通人道，
已數百餘年於茲矣」〔註65〕。還擬立〈化番俚言〉三十二條刊刷成本，欲將
所謂之蠻夷僻陋之俗，轉成禮義廉讓之風矣。〔註66〕可見將臺灣島被視為
「夷」、「番」，深刻在清廷文獻中。加上臺灣原住民族對移民漢人的強硬對
待，對於早已是卑南覓中心的領導人，因而以「番目自稱為卑南王」記載。

　　藍鼎元所載「卑南覓」、「文結」紀錄，被不斷引用轉述，幾乎囊括清代
方志。清聖祖康熙六十年（1721），臺灣朱一貴起事，隨兄率師進討，文牘
書札皆出於手。亂事平定後，藍鼎元提出很多治理臺灣的策略，被譽為「籌
臺之宗匠」。藍廷珍提出統治臺灣之種種建議，其實都是站在鞏固滿清帝國

〔註64〕七方面為（1）地理：華夷有自然疆界，氣候的差異決定民族的生活方式。（2）
　　　　血統：混血兒的政治認同不純粹，應避免。（3）道德：漢族的道德體系優於異
　　　　族。（4）政治：漢人應破除一家一姓的侷限，聯合對抗異族。（5）外交：漢族
　　　　應避免好大喜功的擴張行動。（6）經濟：異族入侵中原易腐化而滅亡。（7）文
　　　　化：異族構成原理與漢族不同，反對異族漢化。劉毅鳴：〈王船山論華夷之辨〉，
　　　　《當代儒學研究》第9期（2010年12月），中文摘要。
〔註65〕黃逢昶：《臺灣生熟番紀事》（臺北市：臺灣銀行經濟研究室，1960年），頁37。
〔註66〕黃逢昶：《臺灣生熟番紀事》，頁37。

政權的立場；其生平、舉業與宦途二者皆不平順，然卻因著述成為清朝名儒，不僅傳記見於清代各文獻中，[註67] 清領時期的諸多臺灣方志之中，也廣泛收錄藍鼎元之作品，包括《重修臺灣府志》、《續修臺灣府志》、《續修臺灣縣志》、《重修鳳山縣志》、《彰化縣志》、《淡水廳志》、《臺灣通志》、《噶瑪蘭志略》、《新竹縣治初稿》、《澎湖紀略》等，都援引自《東征集》與《平臺紀略》。藍鼎元著作影響範圍廣闊，再加上中國以「實錄」為核心的史學文化，要求所載之歷史真實可靠，當它一旦被載錄下來且確定為信史，就不會再變動。[註68] 藍鼎元為軍事幕僚，在炮火殺戮中看臺灣，他眼中的臺灣不過是清朝征服的一塊土地，移民和原住民多為化外之民；看待「卑南覓」亦是如此，一如他說：「番性嗜殺，本鎮不得已而用。」。[註69]

　　藍鼎元來臺，認為朱一貴作亂之前一、二十年，南到郎嬌，北窮淡水、雞籠，臺灣雖距府城一千五百里，人民卻趨之若鶩，大山脈的山麓，沒有人敢靠近，認為野番嗜殺可能遇害。但到了清康熙六十年，漢人爭相移墾入山，包含臺東。[註70] 可見官方視臺灣東部為「野番嗜殺」之地，但卻早有漢人持續來東交易，無論是透過水路或者陸路，到東部交易的人數日增，官方除以極具統治意涵的「番社餉」作為治理手段外，民間的社商或者私出貿易者，仍常用蟒甲載貨進入番社，用布、煙、鹽、鍋釜、農具與之貿易。1722 年（康熙 61）朱一貴事件後，浙江總督滿保主張遷民劃界，在藍鼎元力持之下，代之以「立石禁入番地」，禁止漢人越界侵墾；至乾隆年間演變為劃分漢民、熟番、生番的界線。此時文獻早已記載：最大的番社卑南覓社、一統七十二社。雖是封山設界，但漢人仍然進進出出。可見清廷治理的力量根本就不及此區。已是封山設界，視此為邊疆區域，又為何要冠上一統七十二社？誇大卑南覓一統七十二社的原因，在於能凸顯化外之民皆臣服，以宣揚清廷天威。因此幾近所有的文獻都以此為記載。然，對於未認可清朝的卑南覓社，被冠上一統七十二社，猶如「黃袍加身」，不論是四周番社或是八番，都在其統

〔註67〕藍鼎元傳記見於《清史稿・循吏列傳》、《國朝詩人徵略》、《國朝耆獻類徵》、《清儒學案》、《清朝先正事略》、《清朝學者象傳》、《廣東通志》、《潮州府志》等，著作《鹿洲公案》、《平臺紀略》（附《東征集》）以及《修史試筆》皆收錄於《四庫全書》史部，《棉陽學準》與《女學》則收錄於子部。

〔註68〕林繼富：〈中國民間傳說與史官文化〉，《民間文學論壇》第三期（1997 年），頁 30～31。

〔註69〕藍鼎元：《東征集》（臺北市：臺灣銀行經濟研究室，1958 年），頁 22。

〔註70〕藍鼎元：《平臺紀略》，頁 30。

治範圍。「黃袍加身」的氛圍更讓民間的傳說情節添油加醋，更加精采。

清光緒 19 年（1893），胡傳任臺東直隸州知州一年餘，還是認為清廷治理的臺灣東部「地皆群番所居」、「其人不解耕織」、「地荒僻以化外視之不收貢賦。」，既使窮盡二十年的兵力、財力，開山撫番仍是徒勞無功，[註71] 臺東直隸州知州胡傳官員的看法，有如一面鏡子，清廷對於早有一統七十二社能力的卑南覓，無視其存在，僅將視其為「番」，番目自稱為「卑南王」。

第二節　日治時期

一、陳英記載「有一番，稱為卑南王」

荷蘭文獻有多處記載卑南（Pimaba）「國王（king）」，都說是全臺灣最會打仗的。[註72] 清康熙 34 年（1695），臺灣府令陳林、賴科等越山至卑南招撫山胞，冊封酋長文結。[註73] 這位最具勢力、帶領卑南覓的領袖，轟轟烈烈的口傳事蹟，直至 1896 年陳英的《臺東誌》，才明確被以「卑南王」傳載。陳英「臺東誌」原稿被發現於「臺灣總督府公交類纂」，[註74] 所撰《臺東誌》於臺灣淪陷日本之次年，因此將其列入日治時期。

陳英為清廷割讓臺灣前臺東撫墾局長、補花蓮港州同，並調補花蓮港州同駐拔仔莊，所撰《臺東誌》一卷，較胡傳《臺東州采訪冊》為晚。陳氏所述事物，若干地方較胡氏修志完備，其他記載也多相同，如「任官之人之時，亦與符合。」《臺東誌》另附臺東撫墾局有的數字之資料，較修志冊詳而無誤。[註75]

臺東撫墾局為臺灣撫墾局轄下的地方分支單位，成立於 1886 年的臺灣清治時期末，為花蓮、臺東地區山地行政的權責機關。陳英原為清廷官員，

〔註71〕 胡傳：《臺東州采訪冊》，頁 5。
〔註72〕 甘為霖：《荷據下的福爾摩莎》，頁 12。
〔註73〕 郁永河：《裨海紀遊》，頁 33。
〔註74〕 陳英「臺東誌」原稿被發現於「臺灣總督府公交類纂」，「明治二十九年」，十五年保存，第十二門殖產之撫墾第一件，記載臺東地方往昔實況載有：「臺東撫墾署長主事曾根俊虎」，於「明治廿九年八月」不列日發，「臺灣總督府」於八月十日收到呈送「民政局長水野籩」之「臺東誌」，謂係前清國臺東撫墾局委員陳英記者，誌末果書陳英草創字樣，全交字跡尚佳，前後及少許修改，均見一致，此誌計六頁，稿紙頁上下各十一行，上魚尾，下有「臺東撫墾署」銜。
〔註75〕 曾西碩：〈陳英之「臺東誌」〉，《臺灣文獻》卷 9 之 4（1958 年），頁 67。

這份記錄遲至在日治時期出現，陳英寫下「有一番，稱為卑南王」：

> 卑南生番甚眾。有一番，稱為卑南王，總管七十二社。七十二社之
> 中，凡有射鹿、殺牛、宰豬者，必送一足與卑南王，名為「解貢」。
> 阿眉常與埠南相鬥，阿眉屢敗，屢被埠南綑縛，殺傷甚多。阿眉因
> 之生畏，甘心歸順為奴，居住卑南側後；其地名曰窩碗，狹小之至。
> 凡埠南耕田種土，阿眉代為出力，如奴僕一般。由是盡力日久，爭
> 心兩化，漸有相親之意。阿眉因窩碗地隘，求埠南王借住海邊一
> 帶。〔註76〕

陳英記載「道光以前」大約為1850年以前，稱卑南平原上卑南生番甚眾。其中有「一番超乎眾之上」，稱為「卑南王」總管七十二社。這樣的說法同樣被記載於白川夜舟的〈臺東舊紀〉，〔註77〕白川夜舟可能是位日本記者，大約於明治32年6月（1899）年，訪問臺東廳相良廳長後寫成此文。主要敘述自嘉慶、道光年間卑南王時代至清末清廷對臺東的統治概況。白川指出「距今凡百年，當清嘉慶之末，道光之前，臺東之地，盡為生番，尤其是卑南生番。」時間、背景幾近與陳英相同，對這位傑出生番「卑南王」，形容「其性頗敏捷，品行亦甚方正，而處事公平，且長幻術，若有頑強不可救藥者，狼藉徘恫，以惑眾番，彼捕之，一旦一聲高叫死，此者必死，眾番見之駭然畏懼，相率拜趨彼之下，亦無一人敢起而反抗，……」〔註78〕

相良長綱（さがらながつな）為日本官員首任臺東廳長。他曾命潘文杰斡旋，說服有末代「卑南王」之稱的姑仔老（Kulalrau）頭目、馬蘭社頭目谷拉斯·馬亨亨（Kolas Mahengheng）等東部部落領袖歸順，訂立互不侵犯的承諾後，開始準備東部征討。1896年卑南、馬蘭聯軍於雷公火之役擊敗劉德杓的鎮海軍後，相良率日本官兵自恆春乘船登陸卑南，並在新開園戰役消滅

〔註76〕　胡傳：《臺東州采訪冊》，頁81。

〔註77〕　白川夜舟的〈臺東舊紀〉一文是林玉茹於《臺灣經濟雜誌》21號至25號發現，全文分為5期刊出，其原來安排如下：臺東舊紀（一），《臺灣經濟雜誌》21號（明治33年6月）：頁3～7。臺東舊紀（二），《臺灣經濟雜誌》22號（明治33年6月）：頁7～8。臺東舊紀（三），《臺灣經濟雜誌》23號（明治33年8月）：頁7～U。臺東舊紀（四），《臺灣經濟雜誌》24號（明治33年11月）：頁22～25。臺東舊紀（五），《臺灣經濟雜誌》25號（明治33年12月）：頁17～20。林玉茹：《殖民地的邊區東臺灣的政治經濟發展》（臺北市：遠流出版社，2007年），頁263。

〔註78〕　林玉茹：《殖民地的邊區東臺灣的政治經濟發展》，頁263。

鎮海後軍，瓦解臺灣最後的清朝正規武裝勢力。同年 4 月 7 日，總督府正式任命為臺東支廳長。五月，臺東支廳改制臺東廳，相良長綱正式成為首任臺東廳長，並兼任臺東撫墾署長（代理）及臺東國語傳習所長。相良長綱提倡原住民族的教育，並採取懷柔政策。他與臺東平原的各部落領袖合作，並由卑南大社、馬蘭社領袖馬亨亨協助勸服花東縱谷及東海岸各地部落，相繼平息麻荖漏事件、新城事件等原住民部落反抗。

相良長綱先派潘文杰斡旋，再與臺東廳各社領袖交手，可知當時日本已清楚掌握卑南平原的勢力，誰是「老大」，因此在白川夜舟的訪問清楚指出過往「卑南王」統治之疆域，並指出「實」總管七十二社：

> ……至三條崙，北至花蓮間凡七十餘里。臺東之地殆歸彼之掌中。
> 於是乎，聲望益揚，威望愈加，當其出入，彼林八社之壯番，以儀
> 仗扈從其前後左右，儼然有人君之風，眾番推稱為卑南王，實總管
> 七十二社。社中若殺牛宰豬，必先獻一足於卑南王，名進貢，呼為
> 大股須人，即源於此。〔註79〕

日治時期撫墾署曾是臺灣日治時期短暫設置的一個機構，業務根據〈臺灣總督府撫墾署官制〉的規定，主要是掌管原住民族行政和山林資源開發相關事務。該機構是參考清治時期設置的撫墾局，於明治 29 年（1896 年）設立，後來在明治 31 年（1898）裁廢〔註80〕，前身即為臺東撫墾局。明治 29 年（1896）臺東撫墾署長改臺東支廳長相良長綱兼任。相良廳長對於 1850 年以前的「卑南王」，認為具有統治東部的能力，地方都須對他進貢。進貢的方式都是殺牛宰豬都需進貢「一足」給卑南王，尤其是阿美族人。在其眼中過往阿眉（阿美）常與埤南相鬥屢敗，凡埤南耕田種土，阿眉代為出力，如奴僕一般。但日久，漸有相親之意，求埤南王借住海邊一帶。因此，相良長綱認為阿眉番與卑南為主從關係。〔註81〕對於過往卑南王的經營管理，清楚描寫邀枋寮鄭尚至後山講授耕種之法：

> 當此時，後山一帶之地，只種黃粟，未產禾麻菽麥，卑南王憂之，
> 聚鹿茸、熊膽、各獸皮之類，使壯番肩之，出至前山枋寮，於此開
> 戶市場，以交換有用的各種農產物之種子，攜回鄉土。唯恐不知栽

〔註79〕林玉茹：《殖民地的邊區東臺灣的政治經濟發展》，頁 263。
〔註80〕施雅軒：《臺灣的行政區劃變遷》（臺北市：遠足文化，2003 年），頁 113～115。
〔註81〕林玉茹：《殖民地的邊區東臺灣的政治經濟發展》，頁 264。

培之法，遂邀枋寮鄭尚伴之返山，使其遍地觀察，更向平埔蕃講授
耕種之法，苦心經營，始了解種禾之道。未及數年，卑南一帶之地，
竟成禾麥繁殖之耕土。然不久，苦其無通路，再謀之枋寮商人，備
船載運，而得以向前山各口發賣。〔註82〕

由於農業的進入，也讓「卑南王」的名聲更加顯赫，民間傳說在枋寮納
妻，還特別強調其妻「纏足」：

卑南王之名，於是乎愈現。時在枋寮有一纏足婦人，慕卑南王之威
風，自進求執箒，王許之，納為妻女，生女子二人，長稱寶球，次
呼銀球。銀球早逝，乃為寶球贅夫，使之上門，以襲卑南王之後，
王一死，其繼之為卑南頭人。寶球有一女，名千金，亦招夫上門，
生女西老愚。寶球夫妻死，千金夫妻嗣之為頭人，即千金夫妻死，
西老愚昭夫上門，復繼頭人，過去屢屢生女子，此時始生一子三女，
男名陳禹錫，現為卑南通事。上述三女中，一女嫁土人張義春，其
明達達，為臺灣女豪。其名聲現有口皆碑者，乃去年明治二十九年
五月二十五日，王失登陸卑南得前兩日，彼率卑南蕃與馬菌蕃〔註83〕
共同在雷公火狙擊清將劉得均〔註84〕之軍，王師得以輕易上陸，卑
南之所以有今日，此巾幗婦人之力，參與居多，不愧為勇士卑南王
之後裔。自卑南王至此，約百餘年，卑南王時開闢臺東之祖。

從白川夜舟的文中，「卑南王」在枋寮納妻的紀錄，不能確知是相良長綱所
說，或是記者所採的民間口碑。但對於「卑南王」納入一位「纏足」妻，顯
見在民間威風凜凜。所述「陳禹錫」應是指通事陳安生之子。對於日軍能輕
易登陸歸功陳達達，且稱其為「卑南王之後裔」、「勇士」，頗有一脈相承卑
南王之意。

東臺灣由於自然環境限制和人文條件差異，不論晚清或日治初期，在一
般行政之外，尚有特殊的行政制度。一如晚清時期對於東部實施開山、撫番、
招墾及行政區劃。〔註85〕日治前期所建構的東臺灣，基本上也是針對原住民
占九成以上人口的特區化體制。明治 29 年（1896）5 月日軍登陸卑南，正式
控制東部，設置臺東支廳，8 月舉行臺東支廳開廳典禮。但之前，臺東撫墾

〔註82〕林玉茹：《殖民地的邊區東臺灣的政治經濟發展》，頁 264。
〔註83〕馬菌蕃應為馬蘭蕃之誤。
〔註84〕劉得均為劉德杓之誤。劉德杓，安徽人，光緒 19 年管帶鎮海後軍。
〔註85〕清末行政區劃為卑南廳、臺東直隸州，五鄉九堡。

署已於同年 6 月正式開署，由曾根俊虎擔任主事（撫墾署長）。日治初期東臺灣統治雖然是雙軌制，即同時有管理一般民政的支廳與管理原住民族的撫墾署，但就東臺灣民少蕃多的情況而言，撫墾署扮演的角色卻高於支廳，支廳的功能較少。曾根俊虎強烈建議無需設置支廳，或由撫墾署長兼任即可，也就是後來的相良長綱。兩位前後、不同治權的撫墾署官員，寫下的卑南王大致相同，但相良長綱的記載更為廣泛與詳細，或多或少都透露日本政府經營的企圖，將當地民間的生活實情記錄，以作為日後施政方針。

二、伊能嘉矩田野調查的「卑南王」

　　1895 年起日本殖民之初，為了統治需求，針對臺灣原住民族進行詳細全面地調查，舉凡考古、生態、人種分類、社會階層、親屬制度、文化習俗等。1895 年 6 月日本統治臺灣之初，東京人類學會會員田代安定隨軍來臺灣。11 月，伊能嘉矩來臺灣，兩個人隨即在 12 月於臺北成立「臺灣人類學會」；透過「臺灣人類學會」，以日本國內東京為中心的人類學知識網絡，延伸到殖民地臺灣，兩位學者都對「卑南王」有所著墨。

　　田代安定初到臺灣從事植物調查，曾任職臺灣總督府技師。殖民統治初期，總督府在殖產發展政策中進行計劃移民地域〔註86〕調查中，負責臺灣東部的部分，成果即為《臺東殖民地預查報文》。1896 年，田代安定的臺東田野筆記，與當地官署文件抄錄〈臺東要書綴〉，記載田代當地聽聞的卑南王史：

> 　　卑南王史。聞卑南王姓陳名生，在卑南社為頭人，因為卑南社頭人得一天書，作饗甚靈，又一年順治皇帝落海，被風吹至此海岸，亦卑南頭人救他，後順治王賜一龍袍，做饗愈靈。后山各邑番人，皆聽使役，故稱為卑南王也。光緒元年開闢后山襄？府至卑南，見卑南王身穿龍袍以戲袍假龍袍換去真龍袍，其天書又失落，故作饗不靈，不復為強番矣。伐聞卑南王之事如此，今為大人述之。但未知真否。

田代安定所記載之口碑，時間年代「順治」大約為 1644～1661 年，與前述「道光」年間差距約二百年，頭人為首的人，依其「得一天書、作饗甚靈」的描述，田野的報導人似乎是漢族群，所採錄情節讓田代最終以「未知真否」

〔註86〕當時用語為「殖民地」。

來做總結。田代安定所採這則〈卑南王史〉相較伊能嘉矩所採的「卑南王」差異甚大。

　　明治 30 年（1897），伊能嘉矩、栗野傳之丞受命為預備施行蕃人教育進行調查，出差到臺北、臺中、臺南及東部等地，從 5 月 13 日到 11 月 27 日前後奔波 192 天。明治 32 年（1899）1 月將調查完成後的「覆命書」呈交臺灣總督府民政長官後藤新平，明治 33 年（1900）3 月臺灣總督府民政部文書課以《臺灣蕃人事情》為名出版。伊能嘉矩、栗野傳之將「臺灣蕃族」分為基本的八族，且以族人的自稱為族名，整個日據時期臺灣蕃族的分類，基本上是以伊能等的分類為主流。也就是把臺灣總督府公認的「生蕃」七族：泰雅族、布農族、鄒族、排灣族、阿美族、雅美族、賽夏族。〔註87〕再加上將排灣族分出魯凱族、卑南族，伊能嘉矩、栗野傳之將卑南族的勢力範圍清楚描繪。

　　　　往昔在臺東蕃人中卑南族勢力最強，勢力涵蓋整個卑南平原。阿美蕃族雖然居住在同一平原，但因被卑南族征服，發誓永遠服勞役才獲允居住在平原一隅。該阿美族的主社是今位於卑南海岸的馬蘭坳社。卑南蕃族曾稱霸後山，握有主權，以卑南平原為中心，南至枋寮沿途各蕃社都聽從命令，北邊遠到璞石閣一帶的阿美族全隸屬於其勢力。當時漢人稱卑南蕃族頭人為「卑南王」其威力遠震四方。該頭人去世後，勢力消退，各社紛紛叛離，僅剩卑南八社。據說，當今頭人有卑南王血統，出生在此家族的女子，如今仍保有手背施紋的風俗。〔註88〕……

關於「卑南王」的名號，首次出現是由「漢人稱之」，且認為威震八方。依記載康熙 21 年以前，卑南平原即已有人往來臺東，但較大規模移民臺東從事開墾的是在咸豐時代。光緒 20 年（1894，臺灣割日前 2 年），由寶桑庄、新街、馬蘭坳三處市街所集結而成的卑南新街（今臺東市前身），已儼然成為東部地區的貿易、交通中心，商業日漸繁榮。當時漢人已有 190 戶，695 人，猶較花蓮港街發達。〔註89〕廣大的卑南平原仍屬粗墾狀態，為卑南族與阿美

〔註87〕伊能嘉矩、粟野傳之丞著，傅琪貽（藤井志津枝）譯：《臺灣蕃人事情》（臺北市：原住民族委員會，2017 年），頁 19。

〔註88〕伊能嘉矩、粟野傳之丞著，傅琪貽（藤井志津枝）譯：《臺灣蕃人事情》，頁 342。

〔註89〕鄭全玄：《臺東平原的移民墾拓與聚落》（臺東：東臺灣研究會，1985 年），頁 43。

族馬蘭社之勢力範圍。當時居住卑南平原的卑南族與阿美族原住民約有1781 戶，6,507 人，仍屬多數民族。卑南平原外，漢人建立之聚落只有里壠、新開園、鹿寮（今鹿野永安）、巴塱衛（今大武）與成廣澳等寥寥數處，且多與軍營相鄰，成為一大特色。至於其他廣大土地，依然是原住民族與平埔族天下。全臺東地區 20,409 人口中，漢人人口數為 1,810 人，僅佔 9％。此時平地與交通要道上之原住民族，多已能與漢人和平相處及貿易，惟居深山之原住民族仍十分驃悍。〔註 90〕田代安定即指出，卑南新街雖然是後山地區的首邑，但土地主權確屬於卑南蕃所有，過往無取得所有權之跡象，以拓墾移植為目的者也極為稀少。〔註 91〕可推知此時漢人進入卑南平原，應都可感受到卑南族之勢力。卑南新街上具有資本財力者，對於土地經營開發行動現象為日據中晚期才開始。〔註 92〕

　　1896 年 1 月，伊能嘉矩奉命兼勤學務部，在學務部有機會閱讀《臺灣府志》一類珍貴的圖書和不少日語教科書及臺灣地圖，包含陸軍部第一課製作的二十種地圖，此外占領臺灣不久的臺灣總督府極力收集有關清代的資料，據 1895 年 9 月 30 日民第三九六號臺北官第五九號的申案，臺北縣知事田中綱常向樺山資記總督提報收集資料要點，其中有撫墾局、樟腦局等關於管理蕃人的舊資料，已收集到的資料分十四種，包括「全臺生蕃學塾全冊」、「全臺撫降生蕃給糧全冊」等。這項收集清代資料的工作伊能嘉矩也積極參與。抵達臺灣雖然不久，伊能嘉矩積極在「臺灣土語講習所」學習閩南語，同時研究泰雅語，自修馬來語。〔註 93〕伊能嘉矩會說閩南語，因此可能從田野報導人，以漢人觀點講述卑南王，認為「威力遠震四方」，再加上清文獻資料，栩栩如生重述「卑南王」過去的事蹟。或許因其語文能力，相較田代安定所採集的資料就豐富許多。

　　　康熙末葉朱一貴為亂，叛亂首領被誅後，殘餘黨徒遁入卑南地方，清政府諭令卑南族總頭目追一蹤並剿滅，總頭目因此立下大功。清朝賞賜總頭目及其他蕃人，給予金品、服裝等，從此總頭一目被漢人冠上「卑南王」的稱號。由此推測，漢人得知卑南方面的蕃人情

〔註 90〕鄭全玄：《臺東平原的移民墾拓與聚落》，頁 137。
〔註 91〕田代安定：《臺東殖民地豫察報文》（總督府民政部殖產課，1900 年），頁 48。
〔註 92〕鄭全玄：《臺東平原的移民拓墾與聚落》，頁 39。
〔註 93〕伊能嘉矩、粟野傳之丞著：《臺灣蕃人事情》，頁 20。

形應該是在康熙中葉，其勢力當時還很強盛。後來總頭目量那來死亡，由子孫繼承總頭目，漢人一樣奉他為卑南王。……乾隆末年發生林爽文之亂，全臺幾乎陷入亂賊手中，當時鳳山城也被亂賊包圍，恰好卑南族總頭目率領部下數百人到枋寮交換物品，清政府官吏竟諭令協助誅討。卑南王臨危受命奮戰擊退亂賊，又立下大功，使縣城順利收復。亂平後，論功行賞，清朝政府賜予總頭目銀牌一面。之後，其子孫繼承王位，權力卻漸趨減弱，終於喪失強大的統御能力，轄下眾蕃再也不聽從命令。〔註94〕

在伊能嘉矩的心目中，卑南族跟排灣（Spayowan）及澤利先（魯凱）一樣進步，社會組織為村落制，卻是由長女繼承的母系社會，入贅的男子無分產繼承權。〔註95〕伊能嘉矩記載「當今頭人有卑南王血統，出生在此家族的女子，如今仍保有手背施紋的風俗」。對照其曾積極參與收集清代資料，這段資料推測可能是受黃叔璥的影響。〈番俗六考〉曾記載「女土官」有個特徵，「肩臂手掌亦刺墨花。」〔註96〕在卑南社的田野資料紋身僅偶爾會見社民在手臂上刺青，多半以幾何圖形為主。據說此技術是限他族學習的。〔註97〕當時的西洛姑、陳達達都未見有手背施紋。可見在如此短的時間完成《臺灣蕃人事情》，記載內容也並非皆學者「親眼所見」，過往文獻資料也彙整在其中。

三、幣原坦觀點的「卑南大王」

明治41～42年（1908～1909），臺東廳命部落取消對卑南族繳納貢租。

日治中期，幣原坦親自主持了國立臺灣大學之前身臺北帝國大學的規畫籌建。1923年，擔任第一任臺北帝國大學校長，設立文政學部、理農學部，在文政學部教授南洋史學、土俗人種學講座，發展臺灣特色的研究〔註98〕。1930年，親訪南王部落寫下〈卑南大王〉，發表於《南方土俗》第1卷第1號。

1929年夏季，臺灣總督府文教局長石黑英彥來臺東廳視察。鄭開宗偕同

〔註94〕伊能嘉矩、粟野傳之丞著：《臺灣蕃人事情》，頁348。

〔註95〕伊能嘉矩、粟野傳之丞著：《臺灣蕃人事情》，頁34。

〔註96〕黃叔璥：《臺海使槎錄》，頁154。

〔註97〕臺灣總督府臨時臺灣舊慣調查會原著（1913年），中央研究院民族學研究所編譯：《番族調查報告書第一冊：阿美族南勢番阿美族馬蘭社卑南族卑南社》（臺北市：中央研究院民族學研究所，2007年），頁294。

〔註98〕未著撰人：〈幣原坦〉，《日治時期日人與台人書畫數位典藏計畫》（新竹：國立清華大學圖書館），http://www.lib.nthu.edu.tw/library/project/cpjtt/author02-18.htm。

當時擔任教職的稻葉重人（陳重仁）、稻葉花子（王葉花，當年初任教職）兄妹，一同前往石黑局長下榻處拜訪，詳細說明卑南社族人已接近滅亡之現狀。石黑局長同情卑南社之遭遇，乃電話召集相關人士進行「卑南社生活改善座談會」，會中提出卑南社生活改善具體可行之結論，稍後計畫並由臺東廳執行。同年 11 月鄭開宗調任卑南公學校訓導，在卑南公學校校長迫田修主持下，由鄭開宗、稻葉重人、稻葉花子等人共同策劃，先規劃棋盤式社區（今南王社區），讓星散之族人集體移住，這就是昭和 5 年（1930）卑南社大遷村。〔註99〕幣原坦當時也在其中。幣原坦在《卑南大王》一文中，首先對於連橫所謂根據隋軍之中有「崑崙人」能與土著溝通，認為對這一段記錄不實，可能是傳說的誤記。他認為當時卑南族雖強，應無「卑南王」這個稱號才對。

> 為兄之系統的知本，到了失其勢之後權力還次第地向為弟系統的卑南移動的事，已如前文所述，隨之附近一帶的諸族也接受被卑南統制的情形。中國人開始來到此地的時間，約在距今二百五十年前，卑南在那時有叫比拿來的傑出人物，傳說他將勢力擴張到近鄰地區。但是，那人到底成就了何種事業，則完全被埋埋在遺忘中。在那之後康熙六十年（我朝為享保六年，據今二百九十年前）發生了著名的朱一貴之亂，……大酋長悉其意而命所屬七十二蕃社壯丁圍堵搜索，旋即捕獲其首。清國大悅，更加用力地將大酋長收入自家藥箱之物，以思他時可復加利用，故以卑南大王之稱號賜之，並贈之以王衣王冠及化外之地專任其自治，以賞其拿捕匪徒之功。因此，卑南之勢力益加強大，盛時，且不說臺東廳下，更曾及於花蓮廳之地。依卑南族如旭日沖天之勢，促成阿美族等收納貢物之事。換言之，一朝有事時，卑南率先從事戰爭，又在其他種族有糾紛的場合中，以其威勢擔當斡旋鎮服之任。貢物為何呢？粟祭之際，收納粟為貢物，……關於攻防之事，卑南有主管其事之所之故，在社之一里四方內，建有瞭望台，男子會在此處交替當值，以備不虞之變。而且，在社內還有由中國贈與的二門大砲。就鐵砲和槍枝而言也不能說備有很多。在領台之前大王的稱呼已經消失，而是被稱為頭人。……青年雖然被允許睡在樓上，但是不能不分擔許多更為困難的事情。要忍匱乏艱苦，養成不屈不撓的精神，在（日本）鹿野薩藩之社彷彿也有相似之處。婦女則居家承

〔註99〕宋龍生：《臺灣原住民史・卑南族史篇》，頁 308～312。

擔家事以及周圍的田園耕作，以助一家之生計。如此這般之故，卑南族全權掌握了附近蕃界很長一段時間，在他族之中，對納貢不平者也時有所生，但皆被鎮服而無事。〔註100〕

距離伊能嘉矩、粟野傳之丞著《臺灣蕃人事情》時隔三十年，幣原坦此時所寫卑南王與伊能嘉矩最大不同的點，應是增加了親訪卑南社的後裔；〔註101〕幣原坦所記載「卑南王」大致與前人所言之歷史、口碑傳說無太大出入，如：「專任其自治，以賞其拿捕匪徒之功」、「又在其他種族有糾紛的場合中，以其威勢擔當幹旋鎮服之任。」形容卑南王過去在治權轉換時所扮演之角色。記載「一朝有事時，卑南率先從事戰爭」，可能與日本當時登陸臺東的情勢有關，和其田野報導人有關。幣原坦拜訪卑南社時，當時的卑南是卑南社的世居之地。猛然一下子來了這麼多的異族，風俗習慣等，種種都難以適應。1929年，卑南社在備感壓力下，流行病正盛，藉由臺灣總督府文教局長石黑英彥來臺東廳視察的時機，提出「卑南社生活改善」的申請。在卑南的北半部規劃一個棋盤式的社區，讓星散的族人集體移住，這就是今日的南王社區。1930年，卑南社因漢人雜居將遷入新社區南王。這樣的記載可看出當時報導人急欲凸顯卑南社過往輝煌歷史，明顯與伊能嘉矩當時所採之田野說法敘事情境不同。不過幣原坦在文中，一開始指出卑南傑出人物「比那賴 PinaLai」，首位明確指出「卑南大王」為「PinaLai」，但最終卻又說，他是在封王之前出現的勢力擴張者，並強調其餘事蹟已無可知。

1895年，馬關條約後臺灣割讓給日本。同年，將清政府時期的三府一直隸州，劃分三縣一廳，臺東改為臺南縣臺東支廳。〔註102〕臺灣東部因為漢人極少，自臺東支廳及臺東撫墾署開創以來，對「蕃地」與「街庄地」的管理與行政權限未能明顯區隔，因此將民、蕃雜處的東部地區，視為行政特殊區域。明治29年（1896），設撫墾署為獨立官衙組織，將理蕃政務與普通行政分離，視蕃地為特別行政。蕃人不需繳稅，但也未擁有山林原野所有權，不適用民刑法，並禁止與漢人通婚，除非官方特許，一般人不得隨意進出蕃地。

〔註100〕幣原坦：〈卑南大王〉，頁1～10。

〔註101〕宋龍生：《臺灣原住民史‧卑南族史篇》，頁308。

〔註102〕1897年6月臺東支廳自臺南縣分出設立臺東廳，下轄卑南、水尾、奇萊（今花蓮市）等三個辦務署。1901年11月臺灣地方制度再度變更，臺東廳下轄花蓮港、璞石閣、成廣澳、巴塱衛等四支廳。1909年10月，臺東廳所轄之花蓮港、璞石閣兩支廳分出設立花蓮港廳。

在此一制度下，蕃地與一般街庄地形同兩個世界，分然有別的並存於臺灣島上。直至明治38年（1905），民政局長正式要求庄、社分立，地界分明，凡是居住或遷入民庄的蕃人，都需要於戶口集計表中將其合併記入原蕃社中，並且加以註記。自明治39年起（1906），開始對臺東廳內的「平地蕃」課稅，認為阿美族與卑南族已具備成為「本島人」的條件，可將之納入普通行政內，藉由納稅脫離「生蕃」階段，以「化蕃」身份加以保護。〔註103〕至大正3年（1914）阿美族、卑南族正式納入普通行政區，此措施被日本視為蕃政上的一大事功，認為對東部族群治理也邁向另一階段。1909年－1918年，臺灣總督府開始積極介入移民措施。戰後，臺東平原漢人不斷遷入，移民持續增加，加速了臺東平原邊際土地的利用，移民成為臺東平原上住民的新主體。

於日人理念中，東部可規劃成向熱帶發展之根據地，且容納日本本土多餘人口，作為海外移民典範，其重要性不遜西部。於是以經濟利益為前提，由大企業家進行大規模開發，成為日治時期東部發展主要模式。先藉由確定東部土地所有關係，總督府再透過收買、撥給出租及出售等方式，將土地移轉予日籍資本家，供其開墾或興辦工廠用。換言之，日本政府藉由積極的行政管理，由番地改制普通行政區，改變經濟生產方式，近而引入大量移民。〔註104〕昭和3年（1928）女傑達達辭世，享年64歲。在這樣的歷史環境下，「卑南王」的風光逐漸成為歷史。

四、卑南有個卑南王？真實與想像的爭議

日治時期分別有陳英、田代安定、伊能嘉矩、粟野傳之、白川夜舟、連橫等，多位記錄下「卑南王」，從這些記錄裡面，我們似乎已能描繪出「卑南王」其人其事，他的身份從卑南人到漢人，發生的時間從唐朝到清朝，活動的地區更從臺東到北京。綜合所有記載可說是「真假難辨」，如：連橫記載唐貞觀年間至唐中葉，「此時統一之者為卑南王」。連橫的說法可說是空前絕後，僅此一說。田代安定、幣原坦，一說「卑南王之事未知真否」，一說「事業究竟如

〔註103〕劉維茵編繪：〈臺東廳管內既未墾地一覽圖〉，《中央研究院臺灣史研究所網站》，網址 http://thcts.ascc.net/themes/rd16.php。參考資料鹿子木小五郎編：《臺東廳管內視察復命書》（臺北市：成文出版社，1912年），據日本明治四十五年（1912年）石印稿本影印。

〔註104〕未著撰人：〈臺東史誌〉，《臺東縣政府官網》，2013年，https://www.taitung.gov.tw/cp.aspx?n=3ED4E35C4A97DEAF&s=BA417F1C2D544224。

何，則無記載，不為人知」。日治時期陳英、田代安定、伊能嘉矩、粟野傳之、白川夜舟，幾乎都認為在清廷時期，即已有「卑南王」，僅對於口傳事蹟認定有所差異。

將此時期五個有關卑南王的文本去脈絡化，嘗試分析各文本的情節，觀察每位眼中的「卑南王」。

文本編號	傳說時間	情節概述
文本① 陳英 / 1896	道光以前	1. 卑南生番甚眾。 2. 有一番超乎眾之上，稱為卑南王 3. 總管七十二，社鹿、殺牛、宰豬者，必送一足與卑南王。 4. 阿眉常與埤南相鬥屢敗，凡埤南耕田種土，阿眉代為出力，如奴僕一般。 5. 日久，漸有相親之意，求埤南王借住海邊一帶。
文本② 田代安定 / 1896-9-29	順治、光緒元年	1. 卑南王姓陳名生。 2. 卑南社頭人得一天書，順治王賜一龍袍。 3. 做饗愈靈皆聽使役，故稱為卑南王也。 4. 龍袍以戲袍假龍袍換去真龍袍，天書又失，故作饗不靈，不復為強番矣。 5. 卑南王之事未知真否。
文本③ 伊能嘉矩、粟野傳之 / 明治 30 年 1897	從前	1. 臺東蕃人中卑南族勢力最強，勢力涵蓋卑南平原。 2. 阿美蕃被卑南族征服，發誓永遠服勞役才獲允居住在平原一隅。是今的馬蘭坳社。 3. 卑南蕃族握有主權，以卑南平原為中心，南至枋寮沿途各蕃社都聽從命令，北邊遠到璞石閣。 4. 漢人稱卑南蕃族頭人為「卑南王」其威力遠震四方。 5. 該頭人去世後，勢力消退，僅剩卑南八社。 6. 據說，當今頭人有卑南王血統，出生在此家族的女子，如今仍保有手背施紋的風俗。
文本④ 白川夜舟 / 明治 33 年 6 月 1900	清嘉慶之末，道光之前。	1. 臺東之地，盡為生番。 2. 眾蕃之中有一蕃傑出眾蕃推稱為卑南王。 3. 總管七十二社。 4. 社中若殺牛宰豬，必先獻一足於卑南王，名進貢。
文本⑤ 幣原坦 / 昭和 6 年 6 月 1931	知本社失勢後，據今約 250 年前	1. 知本社失勢後，權力逐漸轉移到弟弟之系卑南社。 2. 卑南一傑出人物比那賴 PinaLai。但是雖然是傳說，他的事業究竟如何，則無記載，不為人知。

		3. 朱一貴之亂之後，殘黨等人逃往卑南地方。瑯嶠通事王章乃往喻卑南之大酋長，並賜衣帽靴等物懷柔之。大酋長命所屬七十二番社壯丁圍堵搜索，旋即捕獲其首。
		4. 清國大悅大酋長以卑南大王之稱號賜之，並贈之以王衣王冠及化外之地專任其自治，因此，卑南之勢力益加強大。
		5. 卑南族如旭日沖天之勢，促成阿美族等收納貢物。
		6. 在領台之前大王的稱呼已經消失，而是被稱為頭人。
		7. 青年集會所讓青年養成不屈不撓的精神，卑南族掌握附近番界，在他族之中，對納貢不平者但皆被鎮服而無事。

　　上述分析可發現：所述情節大致與陳英所述相同，而陳英未敘之事，常會以「未知真否」、或「據說」來代表其觀點。清末日初時期的情節，也就是和陳英採錄相同時間點的文本，傳說的共同情節：「有一番超乎眾之上」，稱為「卑南王」、「總管七十二社」。可知「卑南王」的封號，並非來自清皇帝冊封，是因其傑出由眾人推稱。陳英所提「阿眉常與埤南相鬥屢敗」情節逐漸被淡忘，不再與「卑南王」相連。然而「解貢」、「收貢」仍然存在。這可能與卑南平原上的勢力轉換有關。「收貢」長久以來就是卑南族對外宣稱的權力與動作，但馬蘭社阿美族對於卑南族並無所謂的繳稅義務或職責的記憶，他們的記憶是：

> pyuma（卑南社人）時常在貓山等我們從海岸撿拾貝類或漁獲回來，
> 他們很兇，所以他們要的我們就讓他們拿走，不一是一繳一稅一，
> 是讓他們先拿一，阿美族的人慈厚老實，大的，好的給 pyuma（卑
> 南社人）拿去，剩下一些小的帶回來。〔註105〕

無論是漁獲或是穀物，在清末的馬蘭阿美人的記憶裡，完全不像文獻記載所言的「凡有射鹿、殺牛、宰豬者，必送一足與卑南王」而是「被 pyuma 強拿」。為何如此呢？是文獻記錄有誤？還是卑南族人與阿美族人的「觀點」不同呢？日治學者指出卑南社真正享有盛譽的時間，大約在 1860 年前。之後就漸漸結束了，因漢人和清朝官方的進入臺東平原，使卑南王世家漸漸在臺東平原失去影響力，他們不再對其他部落群體有強制性的約束力，因此臺

〔註105〕李玉芬：〈馬蘭社阿美族集會所的區位、功能與臺東平原社會環境的變遷〉，《地理學報》第 45 期（2006 年），頁 78。

東平原各部族之間的磨擦、利益衝突也就日益升高，各部落除接受清政府的月領津餉節與通事保持溝通聯繫外，幾乎是各自為政，有如各自獨立的小部落邦國（state），彼此互不隸屬。〔註106〕這與陳英文本，所指「道光以前有一番」相同。

卑南王勢力結束，應也與日治時期實行於臺東的殖民政策有關，《理番誌稿》有如下的記載：

> 相良長綱擬定理蕃20年計劃，後改為3期分十年實施。第一期：自1898年至1900年止，為「精神的撫番時期」，即透過教育與懷柔的手段，使番民服。第二期自1901年至1903年止，為「物質的撫番時期」，即指導番民從事稼穡與鼓勵生產，以改善番民的物質生活。第三期自1904年至1907年，為注重「森林礦業並水產時期」，即充分的開發番地內的各項利源。可知相良的理蕃政策實係呼應總督府的政策，以經濟開發為其最終目的，教育與授產僅是為了達成目的的手段。〔註107〕

相良長綱的理番計劃可分為四個重點：（1）土地調查與開發；（2）鼓勵大企業家前來投資；（3）設立金融機構；（4）改善交通運輸。前述四個重點當中，（1）與（2）對日人在東部的開發政策，影響卑南社甚大。1910年，日人開始進行土地調查，到了1915年，凡無主或使用者無法提出有效証明者，一律判為官有，經二次調查後，確定了土地關係，總督府即透過收買有主土地，再以撥給、出租和出售方式，將土地移撥日籍資本家〔註108〕。很多原住民的土地在無法提出有效証明的情況下變成官有土地。1912年，安場末喜男等設立臺東製糖株式會社，糖廠即設在距離卑南社不到一公里遠的地方，附近土地都成為經濟作物甘庶的種植區。1915年，日本政府林野調查完畢，放領有主土地，此舉對居住於臺東平原上卑南族及阿美族人而言，最重要的意義是進入了土地私有制的新時代。〔註109〕然土地的私有制卻加速了其擁有土地的流失。

日本殖民政府開發新領地需要人力，因此透過教育培養人才，開發人力，1897年在卑南社設立了學校，培養不少公職人員，有醫生、警察、教員及其

〔註106〕宋龍生：《臺灣原住民史·卑南族史篇》，頁266～268。
〔註107〕孟祥瀚纂修：《臺東縣史·開拓篇》，頁124。
〔註108〕孟祥瀚纂修：《臺東縣史·開拓篇》，頁91～122。
〔註109〕鄭全玄：《臺東平原的移民墾拓與聚落》，頁53～60。

他公務人員，他們補日人人力之不足，常被派到其他原住民地區任職，如卑南族傑出人才馬智禮、鄭開宗、南志信、陸森寶等。從這個現象來看，卑南社人樂於接受外來事務，不拒絕改變。然，日人對臺東平原上原住民族（含卑南社及馬蘭社）的農業「表現」並不滿意：

> 向土著推廣蔗作之困難在於（1）金錢欲望缺乏，（2）經營技術欠缺，（3）忌諱施用肥料，（4）共同之耕作習慣等；雖然藉警察之力強制栽植甘蔗並不困難，但市場取向經濟作物與部落社會自給自足的農業經營方式，存在著必然衝突；業者獎勵蔗作所慣用的前貸金、肥料補助與甲當增收補助，一時都無法發揮作用……因此誘導土著認識貨幣價值，改變生產方式破除對施用肥料之迷信等，都使經營者大費口舌，雖然努力終有成果，但成績依然不及於本島人甚多……成為招募移民的重要原因。〔註110〕

當臺東平原上的原住民族成為日本政府的絆腳石之後，日本的希望就轉向漢人。卑南族的領導人卑南王的形勢因而改變，不再像荷蘭與清廷時期儼如政權代理人。日本殖民者與漢人勞動力的結合，迫使原住民族居發展的下風，卑南族人從此在臺灣東部漸漸失去主體性地位，轉而成為殖民開發的受害者。謝世忠由族群接觸的角度回顧臺灣原住民族的族群地位變遷，經歷了唯一主人、主人之一、完全失去主人地位三個大階段。〔註111〕「卑南王」的歷史命運似乎也經歷三階段，曾在廣大後山為唯一主人、荷蘭、清廷、日據時期為主人之一、到最後因日本殖民資本主義開發力量下，完全失去主人地位三個大階段。

不僅日本多位學者記錄了「卑南王」，李庥（Hugh Ritchie）牧師在1875年到達臺東的時候記錄：「卑南在寶桑西方三里，一位地位最高的首領住在那兒。此地曾有一個輝煌的時期，那是荷蘭據台時代。荷蘭人來到卑南時，賜予他們一支劍、一把短槍與一本書，視為權威的榮耀。迄今，他們仍尊崇這些遺物的象徵意義。劍與槍仍在，但我最有興趣的書本，二十年前已和首領的房子一起燒掉，這事令人沮喪」。〔註112〕

1887年，英國人泰勒（G. Taylor）從最南端的鵝鑾鼻沿東海岸徒步北上，前往卑南平原，描述當時卑南族的情況：「當時的知本村是座落在一處山的斜坡

〔註110〕鄭全玄：《臺東平原的移民墾拓與聚落》，頁58。
〔註111〕謝世忠：《認同的污名：臺灣原住民的族群變遷》（臺北市：自立晚報社，1987年），頁19。
〔註112〕李庥：〈東福爾摩沙旅行札記〉，《教務雜誌》第6期（1875年），頁206～211。

上，有一條溪流，五十碼寬，水深及腰，溪水流過山腳彎向山谷，包圍了一半的村子，村子周圍有竹林、柵欄、有刺的灌木叢、低矮的石牆。一條狹窄、筆直通往村子的小徑，寬度只容兩人並肩而行。另有一條寬的牛車路，但是十分迂迴，以便各個據點的防禦，同時還堆有木棍當作防柵」〔註113〕，他還被引導到集會所 palangkan。兩位記載的時間相隔約 12 年，看到的當時卑南社與知本社，也就是「卑南族」的兩大社，對於過往「卑南族」的歷史或是口傳看來已早有所耳聞。李庥還認為卑南社輝煌時代是荷蘭時期，1875 年時已是沒落。

　　「卑南王」在日本統治臺灣短短五十年，從模模糊糊僅知有一番，至界定成一族，以當時所謂科學田野調查方法，詳細調查起源、組成、風俗，最後卻在鼓勵開發政策下，不再如同荷蘭、清廷被選擇成為治理夥伴，而是任資本主義開發淹沒該族，最後卑南社不得不遷村，以試圖挽回該族的文化生機。表現傑出眾人推稱的「卑南王」，並非來自清皇帝冊封，而是眾人所推崇的「卑南王」，更試圖在神秘的傳說尋求過往的真實，讓「他者」窺見清廷眼中七十二社之「王」，曾一統臺灣後山。

第三節　國民政府時期：學術論述

一、《臺灣省通志》中的「卑南王」

　　卑南王在陳英提出後，其身分、事蹟愈來愈明顯，並未因時間的久遠，讓人物愈來愈模糊。方志的記載內容包括一地的人、事、地、物，有關少數民族之記載也是方志內容重要的部分。在專司人物記載之「人物志」、「住民志」之外，《臺灣省通志稿》首創，將原住民族另立「同冑志」來詳述；此為《臺灣省通志稿》融合民國以來提倡科學新方志纂修精神之體現，「同冑志」篇章的纂修與命名不僅深獲當時學界肯定，還成為特點之一，亦為後來整修之《臺灣省通志》所承繼。〔註114〕《臺灣省通志稿》〔註115〕、《臺灣省通志》〔註116〕

〔註113〕劉克襄譯著：《後山探險：十九世紀外國人在臺灣東海岸的旅行》，頁 105。

〔註114〕王世慶：〈光復後臺灣省通志之纂修〉，收錄於臺灣省文獻委員會編：《機關志講義彙編》，（南投：臺灣省文獻委員會，1993 年），頁 237。

〔註115〕衛惠林、余錦泉、林衡立（原修）：《臺灣省通志稿卷八同冑志魯凱族排灣族卑南族篇》（臺北市：臺灣省文獻委員會，1965 年）。

〔註116〕洪敏麟整修：《臺灣省通志卷八同冑志魯凱族排灣族卑南族篇》（臺中：臺灣省文獻委員會，1972 年）。

陸續分別由衛惠林等、洪敏麟完成編著。《臺灣省通志稿》卷八同冑志：第十篇卑南族，記分五章，分別介紹卑南族物質文化、親族組織、部落制度、生命禮俗、歲時祭儀。在財產所有制度介紹卑南社的社會組織，已有特權階級與世襲領袖制度；特別有所謂「卑南大王」時代：

> 在所謂卑南大王時代且會在本社以外建立廣大的社外領主權。惟卑南族的封建制度並沒有系統的發達到排灣、魯凱兩族的程度。至少在同一部落組織內沒有形成世襲貴族與世襲佃民或奴隸制度。在卑南大王時代，卑南社南北二頭人的勢力，北面一直到水尾與大港以南；南面伸展到巴塑衛一帶，建立了賦貢權。連南部阿美族與東部排灣族許多部落都會向卑南社南北兩會所定期納頁。但在卑南自己部落組織內，却沒有佃民階級。他們在自己部落以內，連土地財產也沒有完全私有化。〔註117〕

文以「在所謂卑南大王時代……」起首，凸顯是某些人所說的；帶有不承認、不贊同的意味。社會制度分為頭目和平民，而頭目又分為當家頭目、小頭目（貴族階級）與平民。〔註118〕「卑南大王」建立廣大的社外領主權，却是沒有佃民階級，也無土地私有化。衛惠林認為「卑南大王」時期為東海岸盟主的主要原因：卑南族的年齡階級雖然不像鄰族阿美族，阿美族年齡階級組織每一組有一專名，只是依年齡長幼身心發育的情形與社會地位，把每個人的一生分為幾個階段。但是，卑南男性在少年與青年時期的訓練制度非常嚴密。其開始入級受訓年齡自十三、四歲的少年時間即開始，比阿美族人更早，認為這是卑南族能在日據時期以前，能有一百多年稱霸一方的主要原因。之後在歲時祭儀介紹卑南族獵首祭，再次以附註的方式提及「卑南大王」：

> 卑南族康熙末，林爽文亂時，已順服清廷，效命治亂。亂後清廷從優賞給，甚至授「卑南大王」稱號給卑南社大頭目，羈縻甚渥。雖卑南廳遲至光諸元年才見施行，然本族對漢族之獵頭因而甚早不行。其四鄰之阿美、排灣兩族復折服本族之武威，或甘稱臣而成其「農奴」，或執小國諸侯之禮而致「朝貢」。因是，本族男子雖人人為武

〔註117〕 衛惠林、余錦泉、林衡立（原修）：《臺灣省通志稿》卷八同冑志魯凱族排灣族卑南族篇，頁380。

〔註118〕 衛惠林、余錦泉、林衡立（原修）：《臺灣省通志稿》卷八同冑志魯凱族排灣族卑南族篇，頁347～356。

　　士，然其獵頭之對象則極受限制。〔註119〕

　　以「羈縻」形容卑南族早已在林爽文事件後順服清廷。「羈縻」是指古代朝廷在邊遠少數民族地區所置州縣；因為其情況特殊，以少數民族首領作為管理者，封其官職，任命其管理當地的一種形式，基本上相當於現在的自治區。〔註120〕對照後續所言阿美族、排灣族，皆為所統轄，對卑南族稱臣納貢或成為「農奴」。

　　「卑南大王」在衛惠林的觀察，清廷授「卑南大王」稱號，再加上：

　　1. 卑南族男子人人為武士，2. 鄰近阿美、排灣折服願稱臣。

　　所以阿美、排灣兩族不是卑南族獵首的對象。獵首在卑南族很早即已無此習俗，為何口碑傳說常將「獵首」與「卑南王」相連結？大獵祭 Mangayaw（含猴祭、除喪）是卑南族最重要的祭儀之一，源自於古代的狩獵祭儀、團體合擊訓練、以及部落復仇戰爭的行動。Mangayaw 原意為「獵取」或「獵鹿」，在阿美族也同樣有以此為名的獵祭；在卑南族，Mangayaw 同時指涉狩獵和復仇獵首的祭儀。雖然大獵祭同時指涉狩獵和復仇獵首，但兩者的祭儀性質完全不同。前者是在歲末固定舉行的時節祭儀，每年經由部落會議安排；後者則是當家人遭外族獵首，家族中年輕男性進行復仇的祭儀，沒有一定的時間。不過兩者皆有獵鹿的活動和 Pubiyaw（祝福打獵收獲的儀式）。隨著獵首被清廷、日本政府禁止，Mangayaw 逐漸專指狩獵的祭儀。但也有學者認為，Mangayaw 是「（主動）告知」的意思，意味著大獵祭的主要目的是透過集體巡獵，宣示部落領域。〔註121〕過往阿美、排灣居住地皆為卑南族統轄範圍，卑南族透過集體巡獵以宣示部落領域，或許也有關聯。

　　大獵祭是最盛大的部落祭儀，藉由集體狩獵動員部落青年，進行軍事演練和巡視部落領域，以獵物祭祀祖靈、太陽與山神，最後全族舉行宴會。〔註122〕

〔註119〕衛惠林等：《臺灣省通志稿（卷8）同胄志（2）》，頁395。

〔註120〕《史記・司馬相如傳・索隱》解釋說：「羈，馬絡頭也；縻，牛靷也」，引申為籠絡控制。唐朝對西南少數民族采用羈縻政策，承認當地土著貴族，封以王侯，納入朝廷管理。宋、元、明、清幾個王朝稱土司制度。資料來源引自《漢典》https://www.zdic.net/hant/%E7%BE%88%E7%B8%BB。

〔註121〕臺灣總督府臨時臺灣舊慣調查會原著（1913年），中央研究院民族學研究所編譯：《番族調查報告書第一冊：阿美族南勢番阿美族馬蘭社卑南族卑南社》，頁253～255。

〔註122〕臺灣總督府臨時臺灣舊慣調查會原著（1913年），中央研究院民族學研究所編譯：《番族調查報告書第一冊：阿美族南勢番阿美族馬蘭社卑南族卑南社》，

大約從 1930 年代開始，因殺戮行為政府並不鼓勵，猴祭逐漸以草紮的猴子取代真猴。若從過往卑南王一統後山七十二社的觀點來觀察，在這廣大後山所發生「強權略奪」之事，民眾無所確認是誰所為，最具勢力之「卑南王」或許因而成為這替代出口。或許因此，衛惠林特別在卑南族的歲時祭儀，以附註方式強調卑南族「雖人人為武士，然其獵頭之對象則極受限制」。

相較衛惠林所著《臺灣省通志稿》，洪敏麟整修《臺灣省通志》開頭即增加一章介紹卑南族分佈概況，並言明約於一百六十餘年前的「卑南王」時代聲勢浩大：

> 卑南族（puyuma）亦被稱為巴那巴那養族（panapanayan），分布於臺東縱谷南部，一部分散居恒春半島上。以行政區而言，其大多居住於臺東縣卑南鄉境內，一部分在同縣下之太麻里鄉及屏東縣下之恒春鎮、滿州鄉境內。本族五十年底人口估計約有二千餘人。puyma 土著語為尊稱，往昔此族曾統治附近土著族，從山地土著族徵收粟與肉類，向海岸土著族徵收魚貝之類。清代曾將隸屬卑南社大頭目之八社稱「卑南八社」，即包轄卑南（puyma）、檳榔樹格（Pinasiki）呂家（Rikovon）、射馬干（Kasavakan）知本（Katipol），斑鳩（Vankiu），同里擺（Halipai）北絲鬮（Murivurivuk）等八社而言。約於一百六十餘年前卑南族大頭目 pinarai，以勇猛馳名，曾統治臺東一帶之土著各族，聲勢浩大，稱「卑南王」。卑南族於日據時期曾被編入排灣族、然由於在體質上，顯然與該族迥異，例如身長較排灣族為高，頭形亦較長，語言亦不同，又偏重於母系制，故現已從排灣族分開，現為另一族。〔註123〕

日治時代學者移川子之藏等人在《臺灣高砂族系統所屬の研究》（1935），為了解決族名與社名混淆的問題，主張以卑南族發祥地「Panapanayan」（バナバナヤン）作為介紹該族的章名。所以建議稱「巴那巴那樣」族。然而這樣的代稱仍具有爭議性，因為其他族人對於起源地的稱呼並不一致，如：知本部落稱起源地為 ruvahan，南王部落稱之為 panapanayan。日治初期臺東平原上的馬蘭社與卑南族八社人口統計約 6,507 人〔註124〕，1963 年約 6,383

頁 253～255。

〔註123〕洪敏麟整修：《臺灣省通志》卷八同胄志魯凱族排灣族卑南族篇》，頁 1。

〔註124〕田代安定：《臺東殖民地豫察報文》（總督府民政部殖產課，1900 年），頁 275 ～278。

人〔註 125〕，直至 2006 年為 10,290 人〔註 126〕，洪所謂「二千餘人」，與文獻統計資料差異甚大。又言「身長較排灣族為高，頭形亦較長。」綜合觀察洪敏麟為卑南族所作之序言，應是統整過往日據文獻資料所寫，特別是《臺灣省通志稿》所「遺漏」的。其文中敘卑南族人少，「puyma」為尊稱，在過往「卑南八社」，卑南族大頭目 pinarai，締造卑南王時期統治臺東一帶，以「聲勢浩大」形容，又因獨特的語言體質讓其獨立成一族。

二、《臺灣原住民史》中的「卑南王」

　　自 1945 年日本戰敗結束對臺灣五十年的統治，原住民各族過往因無自己的文字，對於歷史文化承傳與保存，多靠口語相傳或由遺留的文物予以考證，相關的研究，自荷西、明鄭、日本時期以來，雖不斷有學者繼起從事調查；臺灣省文獻委員會認為終究少了一本由原住民的角度，及從各方面來探究原住民族史的專書。因此 1992 年，擬訂修纂「臺灣原住民史」計畫，計畫由各學有專精專家學者及原住民精英修纂各族群專史，並由相關工作人員並協助進行耆老口述、田野調查、檔案、資料蒐集等工作，編輯出版專書及相關史料彙編共 36 冊。〔註 127〕有關卑南族出版如下表：〔註 128〕

表 4　臺灣省文獻委員會出版《「臺灣原住民史」》系列有關卑南族出版書籍

項次	書　名	作　者	出版年月
1	卑南公學校與卑南族的發展	宋龍生	2001.09
2	臺灣原住民史─卑南族史篇	宋龍生	1998.12
3	臺灣原住民史料彙編（6）卑南族神話傳說故事集	宋龍生	1998.01
4	臺灣原住民史料彙編（4 上、4 下）卑南族的社會與文化	宋龍生	1997.07

〔註 125〕宋龍生：《臺灣原住民史料彙編 4 卑南族的社會與文化》，頁 71。

〔註 126〕內政部戶政司全球資訊網：《全國人口資料庫統計地圖》。搜尋網址 https://gis.ris.gov.tw/index.html。

〔註 127〕國史館臺灣文獻館：臺灣原住民族史專題計畫 https://puwww.th.gov.tw/new_site/05publish/07study/04aborigin.php。

〔註 128〕宋龍生：《臺灣原住民史料彙編 4 卑南族的社會與文化》（南投：臺灣省文獻委員會，1997 年）。宋龍生：《臺灣原住民史料彙編（6）卑南族神話傳說故事集》（南投：臺灣省文獻委員會，1998 年）。宋龍生：《臺灣原住民史‧卑南族史篇》（南投：臺灣省文獻委員會，1998 年）。

5	臺灣原住民史料彙編（1）雅美・布農・卑南族及都市原住民採訪紀錄	宋龍生等	1995.10

可發現幾乎皆由宋龍生所作。宋氏分別於 1960 年至 1965 年，在臺東縣卑南鄉南王村，從事第一階段長期的人類學研究開始；第二階段是從 1994 年起至 1998 年止，在臺灣省文獻委員會的原住民史撰寫計畫下，再度到臺東對卑南族作全面整體性的了解。這階段所訪問的部落，包括石生系統的知本、建和、利嘉、泰安、太平、阿里排（頂永豐或上賓朗）、班鳩、初鹿和明峰；和竹生系統的南王、下賓朗和寶桑。研究期間陸續的出版了《卑南族的社會與文化》和《卑南族神話傳說故事集：南王祖先的話》兩部書，作為《臺灣原住民史—卑南族史篇》先鋒資料。在卑南族研究調查期間，《臺灣原住民史—卑南族史篇》出版序言特別感謝，得到南王拉拉 Ra'ra? 氏族的王寶美女士全力的協助，在田野中無論走到那一個部落或家庭，都靠著她著名的家世，獲得族人熱烈的歡迎與合作。〔註 129〕

《臺灣原住民史料彙編（6）卑南族神話傳說故事集》，內容除包括佐山融吉、河野喜六、岡松森太郎、移川子之藏等日本學者，還包括從 1912 年開始所紀錄的神話傳說，及宋龍生於 1960 年到 1965 年間，1994 年到 1997 年間，在南王從事田野工作時所採集的神話傳說故事，資料涵蓋的時間約有 85 年之久。這些神話、傳說、故事全是屬於「竹生系統」的南王部落的卑南族祖先的，所以書名以「南王祖先的話」作為副標題。這本書的主標題雖然將神話、傳說、故事加以並列，宋也指出卑南族神話、傳說的界線非常模糊，無論是始祖神話或英雄事蹟，南王人均以「典範事蹟」mutu ngayingayan 稱之；至於故事則為近世發生的陳年往事，是與日常生活有關的世俗話題，不具有任何神祕或神聖的屬性〔註 130〕。

採錄兩位耆老鄭賢生、周喜熟，述說祖先的故事包含卑南王。前者是卑南社 Puyuma 時代大頭目古拉老 Kurarao 之曾孫。他認為有關卑南族之起源傳說很多，各有真偽之處，但要參考各家的說法訂定之。

> pintai 為第一代之卑南王。年輕時曾去枋寮做生意，在該處學會農耕的技術，帶回卑南。當時因受清朝政府之託，捉拿朱一貴手下亂黨王有功，獲詔入北京，受封為卑南王。統治臺東七十二社。向這些

〔註 129〕宋龍生：《臺灣原住民史・卑南族史篇》，序言。
〔註 130〕宋龍生：《臺灣原住民史料彙編（6）卑南族神話傳說故事集》，頁 2。

社收租稅，每年向北京朝貢。他從北京返回臺南時，文武官員接下
跪迎接，一直到臺東。凡臺東之阿美族、布農族、魯凱族漢族排灣
族，皆向他納稅。〔註131〕

鄭賢生的卑南王與前述陳英所述幾近相同，可見此時的族人，已逐漸將祖先的
記憶和歷史相呼應。

　　採錄耆老周喜熟關於卑南王的傳說，分別以卑南社頭目與清朝政府的傳
說、卑南王的來源、卑南王的後裔四則記錄。

①卑南社頭目與清朝政府的傳說一
從前卑南社有一位大頭目，很是精明，清朝政府對他非常的懼怕，
怕他會造反，故想以計抓之，以除後患。遂說，要請他去北京當官。
但是頭目年齡已大，不能去，即派了他的兒子去。他的兒子走路到
西部，但是不見人和船來接他，他便以弓箭射向臺灣海峽的水面，
說也奇怪，海水竟分出一條道路出來，於是他變很輕易的走過去，
到了大陸。〔註132〕

②卑南社頭目與清朝政府的傳說二
從前，pasaraʔat 氏族首領的兒子，名字叫 siʔitan。這個 siʔitan，人品
非常的壞，因常到部落的六所集會所 parakuan 去搗蛋，部落的人都
很嫌惡他。這時清朝的皇帝正好要請頭目去北京 pasaraʔat 的頭目不
能去，就藉著個機會，派自己的兒子 siʔitan 代他去北京晉見皇帝，
希望他去了以後，永遠不要再回來。於是 siʔitan 手持黃帝所下的聖
旨，啟程趕赴大陸。當他到了海邊（指西部臺南海邊），發現沒有船
來迎接他，他就以箭射向海洋，於是海水立即分開來，變成一條路，
他就走上去，因此到了大陸。面見皇帝，下跪三呼：「萬歲、萬歲、
萬萬歲！」皇帝看了很高興，就把自己身上穿的衣服脫下給他穿，
於是他穿了皇帝衣服，竟做起皇帝來，因為他沒有知識，眾人不服，
所以眾人在他換衣服的時候，就把皇帝的衣服收起來，他就當不成
皇帝了。他就回來臺灣，皇帝也與他成為好朋友。後來皇帝也到臺
灣來，並帶來許多的黃金和好東西送人。

　　上述二則以〈卑南社頭目與清朝政府的傳說〉，非以「卑南王」為標題；

〔註131〕　宋龍生：《臺灣原住民史料彙編・第六輯》，頁41。
〔註132〕　宋龍生：《卑南族神話傳說事集：南王祖先的話》，頁103。

敘述部落耆老對清廷對頭目非常的懼怕，因而請他去北京當官，部落的人因為都很嫌惡他的兒子，就藉機派自己的兒子 siʔitan 代表他去北京晉見皇帝，希望他去了以後，永遠不要再回來。兒子以弓箭射向臺灣海峽的水面，說也奇怪，海水竟分出一條道路出來，於是他變很輕易的到了大陸。故事內容似乎稍誇大，報導人極具想像力。對於主人公之身分資料，雖難以有所聯結，但所述「清廷懼怕……會造反」，也驗證清廷治理臺灣期間，並未親自治理臺灣東部，卑南社人並未感受其治理力量，甚至到牡丹事變事變時，清廷還深怕卑南社與日本政府相結合。清廷懼怕的卑南社當時的勢力，在考慮去北京受封，不得不考慮卑南社。然而誰去了北京，任憑報導人想像，皇帝天威浩大，但在卑南社人眼中，也非得把卑南社代表當朋友對待。

　　〈卑南王的來源〉、〈卑南王的後裔〉兩則，敘說卑南王有平地人的血統、捉住強盜送給清朝政府，因而頒賜龍袍：

③卑南王的來源

南部落的 raʔraʔ 家族，有一位男子的名字叫 pinatai，他有平地人的血統，故也可說，他是平地人的子孫。有一年，地方上有了土匪、強盜，由 pinatai 把這些土匪、強盜捉住，送給清朝政府，而清政府，則頒賜龍袍一件，是為卑南王。

④卑南王的後裔

卑南社南部落的拉拉家族盛極一時，主要在其辦事之穩健作風和處理部落外之涉外關係上，取得官府的信託，以及幾次與漢族通婚，而使其在語言上很早消除了溝通上的障礙，接受了外界先進的農業技術。卑南王這一支，下傳到女宗子名叫 multag 的時候，有枋寮來的平地人 siwab 入贅，其子孫有 aʔtaʔ（女）、lisun 等，長大後很懂事，懂得與漢人的交往及部落間事物的排解。taʔtaʔ 後來嫁給臺東出生的平地人張新才，張新才自幼在新園生長，既懂平地漢人語言，也懂得卑南族語言，後來他成為當地官府之重要通譯。1895 年，清政府割讓臺灣與日本，起先日本人欲在牡丹登陸上岸，為排灣人所拒，後來又到東海岸長濱、成功新港等地附近之白首蓮試上岸，又為阿美人所拒。最後選定臺東海岸，船隻軍隊抵達臺東海岸，張新才及 taʔtaʔ 見清朝勢力以去，留下臺東平野一片無險可守之地，如妄作抵抗，只有將卑南族所有的生機全部葬送。因此當日軍決定要在

臺東登陸，並派遣一傳令尊始到卑南社，通知日軍的行動後，taʔtaʔ
為保留卑南族根基，衡量當時情勢，遂決定率部落居民，至海岸迎
接日軍登陸。卑南族八個部落，遂得免於兵之苦，保留下卑南族的
生機命脈。據說 taʔtaʔ 那日是騎著白馬，率領卑南社的青年和長老們
一起到臺東街海岸。〔註133〕

這些關於卑南王傳說都成為《臺灣原住民史—卑南族史篇》的田野材料。該書
共分為六章，在導言首先論證卑南族社群石生文化與竹生文化，在不同環境中
之適應與發展，繼而指出以卑南族為主體歷史時期的分期史觀。宋龍生將卑南
族歷史的發展，劃分五個時期：

上古時期：從卑南族的神話傳說指出卑南族祖先，是如何在臺灣本
　　　　　島東部之卑南平原和其附近山脈起源的。時間從知本社
　　　　　與卑南社群的系統分支開始，一直到荷蘭人出現在卑南
　　　　　平原為止。

中古時期：從荷蘭人 1637 年出現，至卑南王登上舞臺之前。

近古時期：卑南王的勢力建立，即其和清朝的互動關係下所建立的。

近世時期：光緒 21 年（1895）日本佔據臺灣開始。

現代時期：指 1945 年以後。〔註134〕

　　由此可發現宋龍生認定卑南王在卑南族歷史上發展的重要性，具關鍵性
的角色。被稱為「卑南王」的英雄怎麼來的？多數學者包含宋龍生皆認為：
與荷蘭時代起到清代的政治局勢息息相關。〔註135〕先是荷蘭東印度公司來
東尋金，後有清廷巧妙借助運用族群關係，結好原住民圍堵朱一貴、林爽文
的部眾。平定林爽文事件後，再安排各社有功頭目赴北京朝見，論功行賞。
「卑南王」因傳聞獲得「卑南王」稱號，統轄「後山七十二社」不脛而走，
造成卑南王歷史盛世。

　　宋龍生根據《清宮諭旨檔臺灣史料》發現：1788 年 9 月受臺灣當局遴選
前往北京祝壽之 30 名原住民大小頭目包含四大總社之烏鰲總社、阿里山總
社、大武壠總社及傀儡山總社等，與東臺灣有直接關係者僅傀儡山總社，總

〔註133〕宋龍生：《臺灣原住民史料彙編‧第六輯》，頁 41。

〔註134〕宋龍生：《卑南公學校與卑南族的發展》，頁 1。

〔註135〕林志興：〈重探「卑南王」在花東歷史中的角色：從乾隆皇帝與「卑南王」的
　　　　邂逅談起〉，頁 63～76。康培德：〈卑南人與荷蘭東印度公司的後山統治〉，
　　　　頁 3～36。鄭全玄：《臺東平原的移民拓墾與聚落》，頁 14～38。

頭目名單為比那賴之父加六賽，非比那賴本人。文獻清楚記載「加六賽」為傀儡社的代表，為何卑南族口傳是「比那賴 Pinadray」？這個不一致現象，宋龍生到卑南部落與耆老的訪談中，得到了進一步的理解。田野訪查中，族人說當時的總頭目確實是加六賽，只是年事已高不克遠行，所以特別命在西部屏東水底寮做生意的兒子比那賴，就便代父參加赴北京之行。〔註136〕自此後有關「卑南王」文本，皆引述其說法資料，直指「卑南王」為比那賴 Pinadray。

《臺灣原住民史—卑南族史篇》出現下列的情節，在後續的研究或報導卑南王的文本不斷被引用：

（1）卑南社第十七任領袖的大名正是「加六賽」Kurasai（或 Kulasai）

（2）去北京去觀見乾隆皇帝，不得不考慮當時臺灣東南部傀儡內山、臺灣山後掌理七十二社的大土官所共同尊崇的卑南大王。

（3）大頭目加六賽 Kurasai 已年老，且體弱多病，而派了正在枋寮作生意的兒子比那賴代表自己前往北京觀謁皇帝。

（4）比那賴屬 raʔraʔ 氏族，自 pasaraʔat 氏族手中取得領袖權。

（5）年輕時曾到過枋寮將犁（kankan）、無蓋大木桶（paetang）、有蓋大木桶（Siukiu）石磨（ailangan）等器物及技術，引進卑南社。

宋龍生定義卑南族中古時期是從荷蘭人 1637 年出現，至卑南王登上舞臺之前。荷蘭文獻曾記載 1638 年 8 月卑南社中長者來到大員並與聯合東印度公司締結友好合約。〔註137〕1644 年 Pimaba（卑南）第一次至安平參加地方會議，當時參加長老人數 3 人，分別是 Redut、Parmonij 與 Touba。〔註138〕口碑傳說比那賴曾去枋寮，可見當時卑南社常往來東、西部之間。比那賴所見臺灣西部的農業應是令其大開眼界，所使用的農業工具都是前所未見，因而向其學習農業，並帶回犁、無蓋大木桶、有蓋大木桶、石磨等器物及技術引進卑南社。甚至還傳說娶當地婦女回東。依照卑南族男女分工，女性負責農業的耕作，或許也因此讓他動念娶回當地婦女，以協助回鄉農耕。《臺東南王社區發展史》記載「卑南王比那賴（Pinadray）的妻子陳珠仔，或記為陳素仔，卑南族人給名 Salralruy 的就是。」「後為比那賴（Pinadray）為了繼任卑南社的頭目，偕同陳珠仔返鄉。之後陳珠仔不但成為卑南族的一份子，

〔註136〕宋龍生：《臺灣原住民史卑南族史篇》，頁 233。
〔註137〕江樹生譯註：〈熱蘭遮城日誌／I-K／1638-08-08〉。
〔註138〕江樹生譯註：〈熱蘭遮城日誌／II-E／1644-04-19〉。

還把「陳」這個姓，帶給拉拉（Raera）家族。〔註139〕」可見卑南社曾娶回漢人女子，但是陳珠仔是何人，卻沒有其他記載。

臺灣的自然環境適合稻米及甘蔗的生長，從荷蘭統治時期以來，農業生產都以此為重心。根據曹永和考證，臺灣在康熙末年因應鹿皮數量減少，已無法再靠外銷鹿皮獲得商業利益，臺灣社會結構在雍正年間開始，產業轉往農業發展。〔註140〕有的原住民受漢人影響，也開始學習漢人的農業耕作方式。荷蘭時代南部的平埔原住民因與外人接觸較早，很早即已有不少部落開始種稻。屏東平原的鳳山八社，是清初全島平埔原住民中唯一繳納米糧給官府非納銀的社群，在清康熙中期以後，不僅專務耕作，甚至比漢人更早在平原上發展出一年兩穫的稻作。〔註141〕或許就地利之便，也是比那賴至臺灣西部學習農業，並帶回農耕器物，讓卑南社較早在東部發展農業。

三、《臺東縣史》中的「卑南王」

1997～2001 年，卑南族裔陳建年擔任臺東縣長，認為臺東縣在一萬多年前即有史前人類生活的足跡如此悠久歷史文化，惜無任何記載留下，現在只能憑藉各族群中耆老，將古早的傳統文化，以口述方式聊補缺遺。禮聘當時中央研究院臺灣史研究所籌備處研究員施添福擔任總編纂，至 2001 年全部出齊，篇目包括大事、地理、史前、阿美族、排灣及魯凱族、卑南、雅美、布農、漢族、開拓、產業、政事、文教、觀光、人物等 16 篇，各篇獨立出版。從篇目來看，《臺東縣史》最大的特色，即是呈現臺東多元族群文化特質，史蹟資料的來源，除蒐集片段文獻外，多以田野調查，耆老口述為主。〔註142〕其中有較大篇幅卑南王的記載分別在、卑南族篇、開拓篇、人物篇與其他。

1.《臺東縣史‧卑南族篇》

《臺東縣史‧卑南族篇》纂修者陳文德，以時間歷史縱向為主軸的書寫，從南邊的知本聚落開始，沿著山麓方向的建和、利嘉、泰安、下賓朗、阿里擺和初鹿，最後再來到位居平原地帶且居樞紐的南王聚落和日據時期由其分出的寶桑。作者注意到族群的歷史變遷及各聚落的分布和現況，以勾勒出卑

〔註139〕姜祝山、孫民英、林娜鈴撰文：《臺東南王社區發展史》，頁 77。
〔註140〕曹永和：《近世臺灣鹿皮貿易考：青年曹永和的學術啟航》（臺北市：遠流出版，2011 年），頁 212～228。
〔註141〕石文誠：〈有鹿斯有財部落土地觀念〉，《觀》第十一期（2011 年 10 月 6 日）。
〔註142〕陳文德纂修：《臺東縣史‧卑南族篇》，序言。

南族每個部落的發展。文後的「引用書目」以各聚落已有的研究文獻分別陳列。纂修者認為這或許是跟宋龍生的《臺灣原住民史・卑南族史》最大不同。纂修者「企圖脫離一般撰寫地方史的體例」，將此志書視為學術研究的展現和思省，因而迥異於傳統志書的體例，在此企圖下，纂修者也擔心充滿「學院似」的用語能否被讀者接受。但是作者希望這樣的書寫方式是幫助對於卑南族有更深入的瞭解。〔註143〕

　　對於今日仍膾炙人口的「卑南（大）王」傳說，陳文德認為「無疑地與卑南覓社在康熙晚期「朱一貴事件」以及乾隆晚期「林爽文事件」中，幫助清廷圍剿流竄的「叛民」有關。也因為協助清廷有功，因此包括卑南覓社等頭目進京受賞。」膾炙人口的「卑南（大）王」傳說，或許就是根據這次的受賞加以宣揚的。〔註144〕這與其所引用的文獻資料有關：

> 清自1662年領臺以來，一直到清中葉，在臺灣計有兩次重大的事件發生。分別為康熙60年（1721）的「朱一貴事件」以及乾隆51年（1786）的「林爽文事件」。兩次平亂之役，卑南覓社都參與了，而且也都因為有功，受到清廷的獎勵。朱一貴事件中，清廷為了圍剿流竄的餘黨，會令外委鄭國佐「往郎嶠繞行山後，至卑南覓，傳機獎諭大土官文結，以官帶補服賞勞之，令起崇爻七十餘社番，從山後大加搜捕，將所有漢人逸賊盡縛以來」（藍鼎元1996b：25，另見1996a：25，92）。而乾隆53年（1788）之際，卑南覓社更因為協助清廷截堵林爽文餘黨有功，與其他總社頭目應召入京，並接受賞賜。對於後者，不論是皇帝實錄或者地方奏摺都有相當詳細的記載，今引述如下。〔註145〕

　　陳氏引用《清高宗實錄選輯》記載，認為乾隆54年（1789）入京受賞人員，有三點是與卑南有關的：

> 第一、包括傀儡山總社頭目加六賽在內的四位總社頭目是被授以「六品頂帶」以及「羊皮蜂袍」，既非「封王」也不是賞予「龍袍」。就此而言，「卑南（大）王」無疑乃是後人穿鑿附會之說。第二、根據一般說法，「卑南（大）王」是指pinaray（比那賴），但是檔案

〔註143〕陳文德纂修：《臺東縣史・卑南族篇》，序言。
〔註144〕陳文德纂修：《臺東縣史卑南族篇》，頁40。
〔註145〕陳文德纂修：《臺東縣史卑南族篇》，頁44～48。

中的「加六賽」卻是 pinaray 的父親。宋龍生根據南王卑南耆老周喜熟（已於民國 88 年過世）的報導，認為是因為當時加六賽已經年老且體弱多病，因此派了在枋寮做生意的兒子比那賴代表他自己前往北京。第三、關於「傀儡山」或「傀儡番」的說法。據稱屏東馬卡道平埔族稱排灣為 Caree（譯音為「傀儡」），因此對其所佔據之山地，以此作為稱呼。若就清朝文獻來看，「傀儡」一詞似又泛指山後一帶。〔註146〕

陳氏認為卑南覓社與清廷關係密切，但卑南王歷史記載「既非「封王」也不是賞予「龍袍」。就此而言，「卑南（大）王」無疑乃是後人穿擊附會之說。」檔案中的「加六賽」記「傀儡山總社」，作者以曾聽南王卑南人提及，他們到屏東地區時，當地人常以「傀儡」的台語稱呼他們。〔註147〕認為可能與卑南有關。比照過往相關文獻，「卑南（大）王」指 pinaray（比那賴），是因宋龍生的田野調查耆老的說法。對於「卑南（大）王」總言之，僅能說卑南覓社與清廷關係密切，甚至日軍登陸東部也仰賴卑南人的幫助。

《臺東縣史·卑南族篇》作者表示盡可能引用相關的歷史文獻資料，呈現卑南族群在不同時期與外來者接觸的情形，以不同時期的外來統治者做為時間上的分期。雖記載有限制，主因除部份因為卑南族是一個沒有文字的人群，且幾乎所有文獻資料都是由他者記載的，也涉及前述歷史人類學研究指出以被研究者的觀點來看待「歷史」是否可能的問題。對於卑南族史從眾所皆知的「卑南（大）王」傳說和文獻記載來看，卑南族曾是東部地區一個勢力強大的族群，有相當輝煌的歷史，尤其從十七世紀上半葉以降，先後與荷蘭、清廷、日本殖民政府和國民政府這些外來勢力者有著密切的關係。「漢化深」也是日據以來該族群常被學者提到的一個特徵。對於有關「卑南（大）王」一詞適切性的相關文獻記載，作者還是請讀者參考洪安全所編《清宮諭旨檔臺灣史料（二）》〔註148〕。

2.《臺東縣史·開拓篇》

臺東的開拓分為早期對外的接觸、清代同治以前的發展、晚清的建設、日

〔註146〕陳文德纂修：《臺東縣史卑南族篇》，頁 46。
〔註147〕陳文德纂修：《臺東縣史卑南族篇》，頁 46。
〔註148〕洪安全編：《清宮諭旨檔臺灣史料（二）》（臺北市：國立故宮博物院，1996年），頁 1363～1367。

治時期的經營及光復後的建設五階段。自荷據時代以至清初，對於東部地區族群的分部與認識，簡單的分為北路的崇爻八社與南路的卑南覓六十五社。自清代中葉以後，漢人與平埔族入墾東部，使當地的族群關係與空間分布再產生變化，才形成現今的局面。因此豐富的族群關係便成為東部發展過程中的一大特色。在清代的崛起的「卑南王」，對於後山的開拓佔非常重要的角色。

　　乾隆末年因林爽文事件，入京觀見的頭目，更強化「卑南族」的領導地位。孟祥瀚依據學者卑南族歷代頭目的家系調查，認為第十五代頭目 Ongte（文結）以後數代的頭目名稱如下，第十七代頭目為 Kulasai，即加六賽。1957 年該族長老所作之該族自荷據時代以來，文結（Ongte）以後 Sumuruno 與 Kulasai-Vodor 為同母異父之兄弟，先後繼承頭目的地位，Kulasai 在乾隆末年入京晉見。比那賴屬 raʔraʔ 氏族，自 pasaraʔat 氏族手中取得領袖權。Ongte 後頭目為 Sumuruno、Kulasai。〔註149〕

　　《臺東縣史開拓篇》先依據移川子之藏《高砂族系統所屬研究》釐清卑南社頭目之繼任順序，再以《清高宗實錄選輯》記載，說明朱一貴事件以後，卑南覓社與清廷官方維持密切的關係，故在此次的入京，官方便以卑南覓社頭目加六賽代表南部之「傀儡番」入見。此行更強化了卑南族在臺灣東南部的領導地位，此後卑南族勢力愈增，威望益著，至 Pinarai（卑拉那）時期而大盛，附近其他族群無不貼服。Pinarai 為 Kulasai 之子，因為母親為太麻里社人，自小生長在太麻里，長大後回到卑南覓歸入 Ra'Ra 家族接續 Kulasai 的地位。與幣原坦之〈卑南大王〉所述之盛況，在時間上約為嘉慶道光之際，也略與 Pinarai 同時。〔註150〕因此卑南王的傳說一直與 Pinarai 相連結。

　　乾隆 31 年（1766）間，浙江總督蘇昌奏請裁撤福建泉州府西倉同知，改設「臺灣府北路理番知」，駐彰化縣淡水廳（今之新竹），臺灣府海防同知改為「臺灣府海防兼南路理番同知」，駐鹿港，崇爻及卑南覓各社因各社因隸諸羅、鳳山二縣輸餉，故亦遙隸於「理番同知」下。從此前、後山間的交通與事務，名義上有了管理的權責機構。但在「封山」政策下，既不允許漢人入山貿易，因此設置此機構的用意，僅在於消極的防阻「番」民越界所引發之治安問題，並非具有積極性質的開發作用。乾隆年間，有議停止招撫生

〔註149〕孟祥瀚纂修：《臺東縣史・開拓篇》，頁 38。
〔註150〕孟祥瀚纂修：《臺東縣史・開拓篇》，頁 40。

「番」之說，其目的在聽其自便，不必施以教化，以免啟其智巧，再設立「番」屯，以嚴密番界。使得招撫番社的工作似陷於停頓。由於封禁政策，社商不許再往貿易，社餉因而停繳，如卑南覓社的社餉亦無法催徵，其結果只好由官府墊解。因此自乾隆晚期以後，官方與東部地區的關係反而較為疏遠，可是民間卻因為前來貿易拓墾者不斷，繼續維持著彼此交通互動的關係。〔註151〕因此移民遲滯約 1860 年後進入臺東平原，也就是歷史上記為卑南王極盛後期。離傳說中卑南王被皇帝賜封為王，已是百年以後，是否造成其獨霸一方？文中雖沒明言，但卻隱含臺東縣的開拓史，「卑南王」是一個影響很大的關鍵點。

3.《臺東縣史・人物篇》與其他

《臺東縣史人物篇》比那賴，〔註152〕記載約於清乾隆、嘉慶年間，比那賴父親是加六賽，屬卑南社拉拉（Ra'ra'）氏族，是卑南社第十七代大頭目。比那賴成年後，以進入婚方式，進入屏東平埔族馬卡道族部落（今水底寮），設商號並從事貿易；同時在枋寮、潮州一帶，學習漢人的農耕及相關技術。將犁（kankan）、無蓋大木桶（paetang）、有蓋大木桶（Siukiu）石磨（ailangan）等器物及技術，引進卑南社。除改善部落的農耕技術及生活外，決定了日後卑南社取得區域領導地位的優先。其中以卑南覓大土官文結（VumgkiaT），曾協助肅清朱一貴事件餘黨；後又有加六賽號令後山七十二社，協助平定林爽文之亂，因此有功「番」社頭目被帶往京中陛見皇帝，加六賽當時年老體弱，恐經不起長途跋涉，所以派正值壯年，在枋寮經商的兒子比那賴代替前往。強化了卑南社在臺灣東南部的領導地位，此後勢力愈望益著，至比那賴執政時期大盛，「卑南王」稱號也就不脛而走。卑南社成為支配後山七十二社的總社。比那賴代父上京、受封回臺後，娶水底寮漢女陳珠仔。〔註153〕比那賴改善部落的農耕技術及生活外，決定了今後卑南社取得區域領導地位的優先，但漢人的移墾，要直到日治中期後才開展。

相較《臺東縣史人物篇》與《臺東縣史・開拓篇》，兩者有著截然不同的敘事觀點。前者認為卑南王比那賴殿下卑南社領導地位，後者認為「卑南王」

〔註151〕孟祥瀚纂修：《臺東縣史・開拓篇》，頁 40～46。

〔註152〕姜祝山：〈比那賴〉，王河盛等纂修：《臺東縣史・人物篇》（臺東：臺東縣政府，2001 年），頁 38～39。

〔註153〕姜祝山：〈比那賴〉，頁 38～39。

是影響臺東拓墾很大的關鍵點。但無論兩者觀點如何不同，《臺東縣史・大事篇》以 931 年開始起記載臺東史，僅同治 13 年（1874）記載

> 卑南王陳安生，救助日本備前國漂流民 4 名。同年，在後山卑南，建海山寺。萬巒赤山（今屏東縣萬巒鄉赤山）約有 20 戶平埔人，坐船東移。於成廣澳上岸，移居加走灣頭。」〔註154〕

被稱「卑南王」陳安生，在《臺東縣史・人物篇》卻不見任何隻字片語。可見卑南王在《臺東縣史》不僅是篇幅少，敘事的觀點還是多以漢人發展史為記載主軸。

四、一九九〇年代學術論述中的「卑南王」

自 1990 年代，臺灣加快民主化發展，歷史教育也逐漸掙脫威權體制控制，臺灣史開始以專冊呈現，原住民歷史只佔極少篇幅，多以漢人為主體的歷史詮釋仍然尚未改變。施正鋒曾指出，「現有教科書低度呈現原住民族的歷史，只擷取「可供使用的」的片段，舉例來說，教科書納入霧社事件，卻排除大港口事件，僅因前者抗日、後者反清，而就算紀錄了原住民歷史，也只用漢人觀點詮釋」。〔註155〕自 1990 年代開始，不只官方單位積極推動「臺灣原住民史」計畫的修纂、撰述與出版，許多原住民知識分子在回歸部落的復振過程中，逐漸意識到歷史建構對於族群認同及主體確立的重要性。

卑南族沒有文字，但不代表卑南族沒有歷史與文化。歷史與文化的傳遞、在沒有文字的社會中仍然可以持續進行。文字書寫著重於讀和寫，隨著文字與讀寫能力的普及，文字書寫逐漸產生「去脈絡化」的功能，讓歷史文化的傳遞更不受限於空間時間。透過當代臺灣卑南族族史的建構，一方面觀察原住民族從「口述言說」到「文字書寫」的歷史，是如何重新被記憶、表述與建構「現在的過去」（the past in the present）：另一方面，則是去思考「傳說」與「歷史」之間的時證關係，原住民族從「口述言說」到「文字書寫」轉變，是如何重新記憶、表述與建構「現在的過去」，思考原住民族「傳說」與「歷史」之間的時證關係。

〔註154〕施添福等纂修：《臺東縣史・大事篇》（臺東：臺東縣政府，2001 年），頁 89。
〔註155〕鄭雅如：〈課本沒教的臺灣史（一）戰後初期原住民菁英的民族自救 Losin Watan 與 Watan Tanga 的故事〉，引自《歷史學柑仔店》網站。搜尋網紙（http://kam-a-tiam.typepad.com/blog/2015/08 / 課本沒教的臺灣史戰後初期原住民菁英的民族自救 Losin Watan 與 Watan Tanga 的故事.html）。

　　1960 年代前後的臺灣人類學研究，主要有兩大取徑：一、是所謂的歷史學派，就是著重在民族文化史的回溯與重建，田野考察只是佐證史料的從屬工具；二、是傳播學派，亦即透過物質文化材料的蒐集與分析，來理解文化史及文化傳播。〔註156〕90 年代的建構臺灣歷史熱以及各種邊緣論述抬頭，重塑臺灣史的風氣使得中央地方的文獻史料獲得保存、整理、出版、研讀的機會，邊緣論述的發聲則使得歷史文化的詮釋權分散，讓不同位置的主體在較開放的場域中爭奪主導。黃應貴認為：『這「過去光榮的歷史」一直成為卑南族文化認同上的重要指標，自然也影響對歷史主體性的建構。』〔註157〕一如，陳文德曾提出：「卑南族社會文化的形成，得從一個歷史的動態過程中做進一步的瞭解」的主張，並思索田野為主的民族誌研究如何與歷史研究對話：

> 人類學與歷史學的對話是人類學一個重要的議題，既涉及社會文化持續與轉換的研究，也隱含著對於「文化」觀念的理解。視歷史為記載造成社會變遷的事件者，往往預設一個客觀的歷史過程，外來（通常也是西方殖民）的力量在這個過程中，將「沒有歷史的民族」吸納到一個後者幾乎只能扮演被動者角色的結構體系內，進而促成其社會文化的變遷。換言之，「歷史」是以殖民者為中心所開展出來的一種普遍性過程，被研究的族群是受害者，而不是行動者。視歷史為今日當事者思維中對於這些事件的一種表徵的學者，則認為不同的社會文化有不同的歷史觀（歷史性），外來的接觸與影響係透過人群對於其歷史的觀念而賦予意義，因而展現其主動性，同時脫離與避免複製一種普遍性歷史的論述。〔註158〕

　　陳文德的「卑南王」在經文獻與田野的層層考證，「卑南（大）王」總言之，僅能說卑南覓社與清廷關係密切。「卑南王」歷史記載既非「封王」也不是賞予「龍袍」。就此而言，「卑南（大）王」無疑乃是後人穿鑿附會之說。「卑南（大）王」指 pinaray（比那賴），是因宋龍生的田野調查耆老的說法。

〔註156〕劉斐玟：〈追憶李亦園院士：臺灣人文社會科學界「科際綜合研究」的舵手〉，引自《芭樂人類學》，搜尋網址 https://guavanthropology.tw/article/6653。

〔註157〕黃應貴：〈「時間、歷史與記憶」〉，載於黃應貴主編：《時間、歷史與記憶》（臺北市：中央研究院民族學研究所，1999 年），頁 1～30。

〔註158〕陳文德：〈民族誌與歷史研究的對話：以「卑南族」形成與發展的探討為例〉，《臺大文史哲學報》第 59 期（2003 年 11 月），頁 143～176。

宋龍生在教書空閒，四十多年來常和從事研究的卑南族群居住在一起。學他們的語言，記載他們的歷史，因此被卑南族的男女老幼尊稱為「卑南族女婿」。〔註159〕宋龍生曾表示人類學以其獨特的觀點，把文化當作一個單元來研究，在研究的過程中，一方面要顧及一個文化的全貌性，另方面則又致力於文化各個不同層面的了解，以求找出各層面的特徵特質，以及各層面間之關係，和它們又是如何的彼此影響著另一層面。〔註160〕宋龍生採集卑南族神話、傳說與故事，特別指出口傳資料的重要性：

> 若我們能將一個民族社會所有或大部分的神話、傳說與故事，放在一起來看視，則我們將可看到一個更完整全盤的族群內部的宇宙觀、價值系統、生活的典範、真實的歷史面貌⋯⋯等等的民族文化內涵。〔註161〕

在一連串的田野調查、文獻考證，宋氏認為：

> 「卑南王」或「卑南大王」之稱號，不是一個皇帝封的「王位」或「官職」，但它卻是卑南族的卑南社人，從他們的歷史上的中古時代開始，憑著自己的智慧、勇氣和歷史上的際遇、地理上的條件，贏得這個尊號。它純係流傳在民間的尊稱，因此更彌足珍貴。因為充其量清乾隆帝所勳封的僅是一個「六品頂帶」，世人實在沒有必要把它附會成「黃馬掛」或「龍袍」。而到京城去見了黃帝一面，竟將它說成是獲冊封為「卑南王」，也就太過於抹煞了卑南族在歷史上種種引人矚目且極具風格特色的表現。〔註162〕

族群意識（ethnicity）的展現必須從歷史脈絡中來觀察，所謂的歷史，不僅限於客觀的史實層面，涉及歷史性（historicity）、歷史編纂（historiography）等與文化有關的主觀層面。從宋龍生對卑南王的描述，可知卑南「王」的意識形式，不在於歷史上是否有「受封」一事，是卑南王對族人的意義；族人深信「卑南大王」即為 Pinadray。Pinadray 曾在屏東水底寮一帶經商，並將農耕技術及器物如犁（kangkang）、大木桶（paetang）、石

〔註159〕孟絲：〈卑南公主王幸妹〉，《好讀網站》（2017年2月28日），http://www.haodoo.net/?M=anna&P=279。
〔註160〕宋龍生在《文化探險──業餘人類學初階》之序言。劉其偉：《文化探險──業餘人類學初階》（臺灣省立美術館，臺中市，1996年）。
〔註161〕宋龍生：《臺灣原住民史・卑南族史篇》，頁204。
〔註162〕宋龍生：《臺灣原住民史・卑南族史篇》，頁244。

磨(elangan)等帶入後山,甚至牛車等也引進卑南社,殿下卑南社雄厚的經濟基礎。「卑南王」的意義在於族人的認同。

1990 年後是臺灣方志纂修的熱潮,1990 至 1998 年間全臺出版的地方志計有 82 種,但原民志書卻只有 1990 年出版的《烏來鄉志》〔註163〕。1990 年代後期,《臺東縣史》以臺東縣各族為篇章呈現臺東多元族群文化特質,其中 5 篇原住民相關的篇章由黃應貴擔任編纂,各族群再委由中研院民族所的學者擔任纂修,此 5 篇共同的特色有三:(1)對既有的研究成果作省思,同時呈現最新的研究成果,並試著拋出問題,引發更多人來研究,如黃應貴所說:「筆者以為這本書所提供的實只是一個正式研究計畫的前期作業而已,提出的問題可能比解答更為重要,倘若能夠引發別人進一步投入研究興趣,便達到筆者撰寫此書的目的。」〔註164〕卑南族篇編纂者陳文德亦有類似的想法:「這本『小書』與其是我個人長期以來對於卑南族瞭解的一個交代,不如說是今後如何思考卑南族社會文化的一篇序曲。」〔註165〕(2)各篇特別介紹調查目的、過程和方法,除表現出人類學嚴謹的學術規範外,也期待能將纂修者個人理解族群的方式呈現給讀者。(3)各篇的架構雖然不一,但都注意到各族群的歷史變遷及各聚落的分布和現況,就原住民社會來說,以部落(聚落)為書寫中心,符合原住民認同的歸屬。〔註166〕

從《臺灣省通志稿》、《臺灣省通志》、《臺灣原住民史卑南族史》、及地方志《臺東縣史》系列,每位作者對「卑南王」之描寫,各有不同的敘事觀點。族群如何在歷史過程中逐漸被建構出來?歷史學者傾向於是由於國家的力量,人類學者傾向於地方社會與國家力量在地方上的能動力之連結。〔註167〕卑南族史在多位學者應用歷史學、人類學之方法的纂寫,讓「卑南王」從「口述言說」的到「文字書寫」,百花齊放,重新喚醒人們對其之記憶與言說。有

〔註163〕林玉茹:〈知識與社會:戰後臺灣方志的發展〉,收錄於許雪姬、林玉茹主編《五十年來臺灣方志成果評估與未來發展學術研討會論文集》(臺北市:中央研究院臺灣史研究所籌備處,1999 年),頁 29。

〔註164〕黃應貴纂修:《臺東縣史·布農族篇》(臺東:臺東縣政府,2001 年),頁 5。

〔註165〕陳文德纂修:《臺東縣史·卑南族篇》(臺東:臺東縣政府 2001 年),自序。

〔註166〕陳鴻圖:〈縣志、鄉鎮志、部落志—東臺灣原住民地方志書發展梗概〉,《原住民族文獻》第 24 期(2015 年 12 月),https://ihc.apc.gov.tw/Journals.php?pid=633&id=901。

〔註167〕黃應貴:〈專題導論:人類學研究的歷史化〉,《臺大文史哲學報》第 59 期(2003 年 11 月),頁 6。

纂修者視「志書」為學術研究的展現和思省，因而迥異於傳統志書的體例，甚至「企圖脫離一般撰寫地方史的體例」。〔註168〕臺灣原住民族沒有文字，口耳相傳的口傳成為部落的歷史，卑南王也在口耳相傳中成為族人的歷史記憶，不論在過去的文獻是否有封王一事，卑南王在卑南族的歷史記憶是確實存在。卑南族從他們的歷史上的中古時代開始，憑著智慧、勇氣和歷史上的際遇、地理上的條件，贏得「卑南王」尊號，它流傳在民間的尊稱如此久遠，所蘊含的社會文化意義更彌足珍貴。

第四節　現當代：共同體的想像

一、卑南社的「卑南大王」

1997 年年 12 月 10 日，南王國小校長鄭玉妹爭得預算，利用校方原有土地成立鄉土文化教學園區，並破土興建 takuban（少年會所），1999 年 7 月 10 日舉行感恩海祭時，老人會陳欽明會長倡議配合 palakuwan 落成，塑立傑出祖先 pinaDay 雕像，並開始向各界籌募款項，於 1999 年 8 月 28 日落成典禮及慶祝活動。pinaDay 雕像，碑上刻著「卑南大王」功蹟：

> 比那賴是清乾隆至道光年間活躍於東臺灣之傑出人物自幼天資聰穎精通各族語言雄心與智慧過人為習農事曾翻閱中央山脈抵屏東枋寮為族人即後山東部引進農業技術和耕作方法與農作諸如犁鋤牛車水牛等以增加生產改善生活清乾隆末年林爽文之亂其殘餘逃至後山東部地區清廷特請卑南社大頭目加六賽協助而號令所轄七十二社人緝捕因有功清帝特召見進京入觀獎賞但加六賽年事已高乃委兒子比那賴為代表接受封賜自此卑南社各部落間發生糾紛或鎮定維持和平其影響所及北達至花蓮港南至屏東恆春。由於比那賴在農業經濟上之貢獻處事之能力所累積之聲望讓東臺灣後山人民敬服敬仰各部落於粟祭大獵祭後都會繳納貢品至卑南社共推崇為「卑南大王」在民間廣為流傳〔註169〕

碑文末以「普悠瑪子孫敬錄。1999 年 8 月 28 日」。可見在南王部落人心中，早已認定「比那賴」為卑南社共推崇的「卑南大王」。

〔註168〕陳文德纂修：《臺東縣史・卑南族篇》，自序。
〔註169〕因碑文未加標點符號，為顯全貌，特以此呈現。

現今南王部落位在臺東縣臺東市南王里，約略範圍西北至卑南山、東至臺東線鐵道、南至太平溪左岸堤防。1915 年臺灣總督府臨時臺灣舊慣調查會所出版《蕃族調查報告書》，記載當時的卑南社距離卑南街約一里，係由二百多戶母系家族組成。社內道路井然，兩旁植有可遮蔽烈陽的蒼鬱竹林。雖屬酷熱的熱帶，但涼風徐徐，彷彿置身於日本鄉間。卑南社原在現址稍西之處，但因該地不適合種植竹林，防備上甚為不利。有一天，某社民取竹根至現址種植，竹林隨即茂密生長。社民有鑑於此，經過商議，決定移居此處。一入社即可見到道路兩旁直徑約三寸五分、高聳入天的茂密竹林，不禁讓人想起昔日「卑南王」的雄姿。〔註170〕可見佐山融吉，已聽說了卑南王的事蹟，但卻未寫入《蕃族調查報告書》。

從碑文中族人認為由於比那賴（1）在農業經濟上之貢獻，（2）處事之能力所累積之聲望，讓東臺灣後山人民敬服敬仰。說明如下：

圖2　南王部落內設置的「卑南大王」雕像

（1）在農業經濟上之貢獻

佐山融吉調查「卑南王」後裔時的還參觀其祖靈屋，目睹許多二百多年前的寶物，包括卑南王及當時壯丁們穿著的服裝，其上有琉璃珠裝飾非常華麗。據其當時調查其農業雖不興盛，農耕方法和馬蘭社相同。

> 我們很早以前就開始耕田，所以卑南族和牛的關係很密切。最先引進耕牛、水田的是清代的時候，那時我們的頭目到西部去，從那邊引進來的，所以最早在平地有水田的、種稻子的就是我們卑南族。
> 我們的頭目 pinadray 引進農耕技術，也就是因為這樣在臺灣東部統

〔註170〕佐山融吉：《蕃族調查報告書》（臺北市：臺灣總督府臨時臺灣舊慣調查會），頁 265。

治了將近四百年。〔註171〕

這樣的說法與部落人的記憶稍有不同，透露出二點訊息：一、卑南族人的農業發展早於日本時期，也就是族人盛傳 Pinadray 曾在屏東水底寮一帶經商，並將農耕技術及器物等帶入後山，甚至牛車等也引進卑南社。二、或是日本政府對卑南族農業的發展期待與族人並不相同。

卑南族人原始農耕方式，為焚墾輪休之旱田幾作。以粟 tawa，陸稻 pafutadeli，甜薯 fulasi，里芋 vodelr 為主要農作物。清末日據初，田代安定調查臺東平原上，只有在少數山麓地帶有水田分布，整個南鄉地區水田面積應不超過百甲；在缺水灌溉下，卑南族各社與馬蘭社土著仍以粟為主食，燒墾耕作方式依然重要。〔註172〕日治時期殖民政府引進熱帶栽培作物，加上水圳的開鑿與水稻的推廣，水稻逐漸代替粟與旱稻成為最主要的作物。〔註173〕可見水稻 rumai 在卑南社成為主要糧食，應是日治時期之事，與 pinadray 應無太大關聯。

卑南平原引進農業的記載，大多指向是由鄭尚引進，最早見陳英〈臺東誌〉之記載：

咸豐年間，有一鄭尚隨番頭進山，觀看風土情形。鄭尚見遍地無禾、麻、菽、麥，即回家帶禾、麥、芝麻各種，復進埤南，教番子播種，回家傳諸眾人。斯時，即有人隨番頭出入兌換者……，〔註174〕

連橫《臺灣通史》：

鄭尚，鳳山水底寮人。咸豐五年，至卑南，與土番貿易，且授耕耘之法。番喜，以師事之。土地日闢，尚亦富，乃募佃入墾。〔註175〕

安倍明義《臺灣地名研究》：

道光二十五年，前山水底寮（今枋寮）的閩人鄭尚，橫斷中軸山脈到巴塱衛，跟卑南覓社約好，居住於寶桑（今臺東市）附近，與諸

〔註171〕未出版。臺東縣卑南族民族自治事務促進發展協會：《館藏卑南族文物與卑南王傳說之相關研究分析暨故事採集計畫期末報告書》（臺東：國立臺灣史前文化博物物館，107 年）。

〔註172〕田代安定：《臺東殖民地豫察報文》，頁 128。

〔註173〕衛惠林、余錦泉、林衡立（原修）：《臺灣省通志稿卷八同冑志第七冊魯凱族排灣族卑南族篇》，頁 365。

〔註174〕胡傳：《臺東州采訪冊》，頁 81。

〔註175〕連橫：《臺灣通史》，頁 816。

番交易。〔註176〕

　　三者的說法除時間的差異，最大的差異是鄭尚是如何進入卑南覓的？鄭尚進入卑南覓的時間，尚屬「封山設界」階段，比較有可能是跟隨「番頭」進入，三者都沒有提及這位「番頭」是誰？來到卑南覓的鄭尚後來定居於寶桑。

> 由於鄭尚對卑南族農業的貢獻，頭目便撮合他與同族姐妹 Aoretan 的婚姻；經商致富，又身為卑南社女婿，鄭尚的影響力日增。他的兒子林貴後來繼任為二十一任總頭目，又入贅到 Garaigai 家；鄭尚的後裔，就此融入卑南族中。〔註177〕

　　鄭尚是何時入卑南覓？盛清沂認為是道光期間，大約是 1820～1850 年間：

> 道光間，鳳山縣人鄭尚，至卑南，與「土番」貿易：乃授以耕種之法。（鄭）尚遂招佃入墾，漢人多至，比至同治末年，卑南成已有漢人五十餘家。光緒元年，「開山撫番」，設卑南廳於此，地已多。」〔註178〕

　　寶桑庄後來即有商船往訪枋寮之間，陳季博推算時間認為鄭尚於道光年間進入：

> 專從事蕃品交易隨利之所在招故舊，呼兄弟，次第人口增加商業亦達於發達之城，以是遂謀於枋寮商人而使船迴漕至運輸兩地間之貨物益來交通之便益，至同治末年（1874）已在此地與二十八戶傍在馬蘭坳街有十六七戶之土人矣，又此地之土人總以番品交換為目的，單以開墾之目的而移住者無，且光緒元年（1875）清國設立官府之同知衙門後遂由有文武之官員多數軍隊之駐屯等而本地之商工業者亦遂增加，本島割讓之當時雖既有一百二三十戶之中國人種族……」〔註179〕

　　鳥居龍藏於 1896 年奉東京帝國大學的派令，在該年的 8 月到 12 月親至卑南，進行田野調查工作，調查鄭尚約是在咸豐年間進入：

> 從前已設有蕃產交易的場所，生番遠從後山，把鹿皮、熊膽等山產

〔註176〕安倍明義：〈臺東〉，《臺灣地名研究》（臺北：蕃語研究會，1938 年），頁 288～289。

〔註177〕林韻梅：〈鄭尚〉，王河盛等纂修：《臺東縣史人物篇》，頁 37。

〔註178〕盛清沂：《臺灣史》（南投：臺灣省文獻委員會，1994 年），頁 348。

〔註179〕陳季博：〈臺東移住民史〉，《臺灣文獻》第 10 期 3 卷（1959 年），頁 112。

帶到枋蒙，跟漢人交換平地的物品。漢人政府也相當優遇後山的生番，甚至設立了宿泊所，讓他們過夜。距今三十多年前（筆者推估約 1860 年代前後），有一個叫做鄭尚的人在水底寮，因為與番人很熟，由番人帶路，冒著危險到後山的生番界，在各地探險後，回到前山。後來就有人敢單獨冒險進入生番地了。〔註 180〕

　　宋龍生認為這時間點比較相符。因為第 21 任總頭目是鄭尚的兒子林貴 Linkui。比那賴為第 17 任總頭目，它相去比那賴進北京（1788 年）有 70 餘年，帶鄭尚進入後山的原住民領袖，極可能是當時的第 20 任奧兒馬感 Aore makan。鄭尚提升卑南族的農業品質和技術上，所以奧兒馬感撮合他，與同屬於拉拉氏族的姊妹奧魯丹 Aora tan 的婚姻。鄭尚為了作生意，將住所設於寶桑，以「進入」婚到奧魯丹 Aoratan 的家。〔註 181〕

　　卑南族人陸森寶創作〈卑南王〉歌曲，描述受讚揚的 pinadray，是教導族人如何農耕和插秧，族人按照「卑南王」慣用的妙法，拉直線的方法插秧，直到對面的田埂。在族人心中「稻」的進入，pinadray 佔極重要的角色，但是水稻的引近應是日治時期。學者曾指出 pinadray 年輕時曾到過枋寮將犁（kankan）、無蓋大木桶（paetang）、有蓋大木桶（Siukiu）石磨（ailangan）等器物及技術，引進卑南社。〔註 182〕口碑也傳說比那賴成年後，以進入婚方式，進入屏東平埔族馬卡道族（Makatao）的大木連（Tavolia）部落（今水底寮），設商號並從事貿易；同時在枋寮、潮州一帶，學習漢人的農耕及相關技術。〔註 183〕

　　由此可推知，比那賴的時代卑南社的農業已逐漸開展，相較西部而言屬尚未開展，比那賴帶回的農業器物及技術，讓族人耳目一新，逐漸改變原始焚墾輪休之旱田耕作方式，大大改變生活。鄭尚大約是在咸豐年間進入，後併入卑南社家系中貢獻心力，兒子林貴為第 21 任頭目，族人記憶中帶入農業發展與稻，卑南王功不可沒。

（2）處事之能力所累積之聲望

　　卑南族耆老說：其實過去南王沒有頭目，荷蘭人來時有事就直接找南邊

〔註 180〕鳥居龍藏：《臺灣東部蕃族與漢人的關係》，頁 192。
〔註 181〕宋龍生：《卑南族史篇》，頁 248。
〔註 182〕宋龍生：《卑南族史篇》，頁 222。
〔註 183〕姜祝山：〈比那賴〉，王河盛等纂修：《臺東縣史人物篇》，頁 38～39。

的 Ra?ra?家，也有 ragan（祭司長）kabtayan 商議，部落居民也很自然的推崇他做部落的代表發言人，成為東部地區外界連絡的發言人，就這樣產生了第一個頭目。〔註184〕卑南族口傳因為第一個頭目，荷蘭人走後因而得到清朝皇帝的封號，把「PynaDay」改為「卑南王」，也因此之故，所有屬 Puyuma 族的八個部落，因頭目「PynaDay」之封號「卑南王」稱為卑南族。〔註185〕卑南族部落內傳統政治領袖為「ayawan」負責協調部落中的重大事件，領導部落的獵首與征戰行動。對於各部落間發生糾紛或鎮定維持和平，具有極重要的角色。如：過往曾因卑南社不向知本社納貢，引起雙方衝突，因此發生爭戰，後來透過長老們的協調因而化解。

> 有一次知本大族和南王有發生戰爭，知本戰敗而成仇家，後來南王的祭司長收養知本的青年為義子經知本長老們同意後，南王祭司長宣佈說：「我們不再是仇家而是 samawwan 了，Samawwan 其意為一家人。」

以生活在卑南平原上卑南族族人來看，本身才是卑南平原整個大生態系統（Ecosystem）中最重要的一環。他們要在有限的能量資源下，不斷地與其他的社群，在共同生活的天地中，建立彼此交互依存的關係，以爭取最大的成果和謀生的適應。在過去幾個世紀的歷史軌跡中，他們發展出在同境中強權周旋、安協和謀求生存的方法。這一求生存的策略，是在族群間的相互依賴、強弱勢族群間相輔相成的互動關係上。〔註186〕如：在荷蘭人初現卑南平原時，卑南社表現出「完全的配合」；清初捉拿朱一貴餘黨王忠等的事件，卑南社也採取與新興強權合作的策略；日本政府進入東臺灣，採取聯合馬蘭社突襲清軍。日治時期面臨西部漢人的不斷遷入卑南區域，田地多已轉入漢人之手，漢人勢力已凌駕於卑南族之上，大有喧賓奪主之勢。與漢人的雜居，又不能將漢人驅逐出去，於是有了建一新村的意圖，以抵制漢族。1929 年以後的卑南社，就是今日眾所知的南王部落。〔註187〕

觀察過往歷史的軌跡，卑南社群本身的人口有限，在大環境中他們是少數族群。但當他們體驗到必須在快速變遷的生態系統中，與其他強勢族群共

〔註184〕臺灣省文獻委員會訪談卑南族耆老口述。臺灣省文獻委員會採集組主編：《臺東縣鄉土史料》，頁261。
〔註185〕臺灣省文獻委員會採集組主編：《臺東縣鄉土史料》，頁288。
〔註186〕宋龍生：《臺灣原住民史·卑南族史篇》，頁285～286。
〔註187〕宋龍生：《臺灣卑南族史篇》，頁120。

處時，唯有事先充分掌握適應的機制，才能維繫族人生命的繼起、部落的永存、和文化的綿延久長。〔註188〕洞燭先機的領導人，不論是擔任「king」、「土官」、「頭目」、「通事」、「卑南王」等，都成為卑南人心中的「英雄」，為族人敬服敬仰。

二、卑南族的「卑南王」

在漢人大規模遷居臺灣之前，臺灣早已為南島語系民族所居住。南島語系民族在人種上屬馬來人，是世界上分佈最廣的民族；分佈地區西起非洲東南的馬達加斯加島，越過印度洋直抵太平洋的復活節島；北起臺灣，南到紐西蘭。臺灣是南島語系民族分佈的最北端。居住在臺灣的南島語系民族，目前原住民族共有十六個族，多數保有自己的語言、風俗習慣和部落結構，不過也正面臨急速現代化的問題。〔註189〕行政院原住民族委員會設立《原住民族行政資訊網》網站介紹法定族群，卑南王在卑南族官網被如此介紹：

> 卑南族（Puyuma）自稱「puyuma」，歷史上又有「彪馬」、「漂馬」、「普悠馬」、「普悠馬」等音譯寫法，源自臺東卑南鄉南王部落（Puyuma）的名稱。為避免卑南族與南王部落同語詞的混用情形，近年有族人提倡以「比努優瑪樣」（Pinuyumayan）來作為卑南族新的族稱，以區別族稱與部落名。卑南族的起源有「竹生」、「石生」兩種說法，「竹生」傳說以卑南社為中心，「石生」傳說以知本社為中心；各部落也是由卑南、知本兩社為核心，經遷徙居住後發展出其他各個部落。卑南族十七世紀以前就是強盛的民族，民族威望在卑南王時代達到顛峰；傳說卑南王雄盛之際，曾領導東部各族群72個部落，影響力北到今花蓮玉里、南到屏東恆春，是各部落尊敬的領袖人物。〔註190〕

冊封為「卑南大王」的傳說，讓卑南族人引以為豪，早在「十七世紀以

〔註188〕 宋龍生：《臺灣卑南族史篇》，頁286。

〔註189〕 行政院於1996年12月10日正式成立「行政院原住民委員會」，專責統籌規劃原住民事務，成就了我國民族政策史上新的里程碑，對於原住民政策的釐訂及推展，亦更具一致性與前瞻性，並能發揮整體規劃的功能，帶動原住民跨越新世紀全方位的發展。原住民族委員會〈認識本會〉https://www.apc.gov.tw/portal/docList.html?CID=5CB34240F988D677。

〔註190〕 未著撰人：〈卑南族〉，《原住民族行政資訊網》（臺北市：原住民族委員會，2015年），搜尋網頁https://www.apc.gov.tw/portal/docList.html?CID=E6CD8B3830879023&type=D0BD0AE75F4158D0D0636733C6861689。

前就是強盛的民族，民族威望在卑南王時代達到顛峰；傳說卑南王雄盛之際，曾領導東部各族群 72 個部落，影響力北到今花蓮玉里、南到屏東恆春，是各部落尊敬的領袖人物。」這樣的說法也在〈臺灣原住民族資訊資源網〉，認為是卑南族的全盛時期，也是族人至今津津樂道的光榮史蹟。〔註191〕實質去北京受封是在林爽文事件之後，民間傳說或在各官方民間網站，大多敘述「卑南王」稱號的獲得是朱一貴事件。如：原住民委員會所設之《臺灣原住民族資訊資源網》：

> 在清朝時，卑南族的生業技術走向文化轉型的階段，由於農業技術上的引入，屬於知本社群的 Kazekalan 部落遷移下山，適應平原上農業的生活。清康熙年間，以南王為首的卑南人，平定了朱一貴之亂的餘黨。因此被清廷冊封為「卑南大王」，並且賜予朝服，鄰近的阿美族、排灣族都要而其納貢、賦稅。是卑南族的全盛時期，也是族人至今津津樂道的光榮史蹟。〔註192〕

同樣地「臺灣原住民族圖書資訊中心」介紹「卑南大王」也是一模一樣的內容：

> 清康熙年間，以南王為首的卑南人，平定了朱一貴之亂的餘黨。因此被清廷冊封為「卑南大王」，並且賜予朝服，鄰近的阿美族、排灣族都要而其納貢、賦稅。是卑南族的全盛時期，也是族人至今津津樂道的光榮史蹟。〔註193〕

　　似乎官方網站介紹卑南王有「統一」的說法。

　　2006 年由文化部推出專業版《臺灣大百科全書》，邀請專家學者撰寫臺灣百科。〔註194〕詞條〈卑南王比那賴〉詳述其為卑南社第 17 代頭目；父親「加六賽」亦是卑南社頭目，由於卑南社自得荷蘭殖民時期之助，即成為東

〔註191〕　未著撰人：〈卑南族族群歷史〉，《臺灣原住民族資訊資源網》（臺北市：原住民族委員會，2015 年），搜尋網頁「http://www.tipp.org.tw/aborigines_info.asp?A_ID=6&AC_No=2。

〔註192〕　原住民族委員會為提升對原住民生態環境、文化、生活及產業等研究，整合各界原住民族相關領域人才與資源，規劃設立「臺灣原住民族圖書資訊中心」（以下簡稱原圖中心）。原圖中心以完整蒐集臺灣原住民族相關資料為目標，並將之組織整理、典藏保存並提供閱覽使用。http://www.tipp.org.tw/aborigines_info.asp?A_ID=6&AC_No=2。

〔註193〕　原住民族委員會：〈卑南族族群介紹〉http://www.tipp.org.tw/aborigines_info.asp?A_ID=6&AC_No=2。

〔註194〕　文化部其前身為行政院文化建設委員會。

臺灣花東平原一帶的領導部落，到了比那賴時期，由於生產方式的改善，以
及與清廷的關係，勢力愈增，所以「卑南王」的稱號也就不脛而走。〔註195〕

> 約生於清乾隆、嘉慶年間。他出生卑南社六大氏族之一的拉拉（ra'
> ra'）氏族，是卑南社第17代頭目；……卑南社自得荷蘭殖民時期之
> 助，即成為東臺灣花東平源一帶的領導部落，到了比那賴時期，由
> 於生產方式的改善，以及與清廷的關係，勢力愈增，所以「卑南王」
> 的稱號也就不脛而走。其影響力所及範圍約如下：縱谷部分北達花
> 蓮玉里、瑞穗一帶；東海岸則到掃別（今長濱鄉竹湖村）；南抵今大
> 湖附近。〔註196〕

卑南族的英雄「卑南王比那賴」在官方網站詳述過往事跡，官方網站的
內容一如傳說，有繁有減，有虛有實。但最後皆會帶入「他影響卑南族之發
展，至今還為族人津津樂道。」的話語。網站流傳影響力不可小覷。《原住民
族委員會》自2014年9月12日起累計瀏覽人次：達一百三十多萬〔註197〕。
在卑南族人心中他不僅是傳說，從荷西文獻或明清乃至日治時期的紀錄，卑
南族在臺灣東部始終占著一定的地位，甚至從17世紀以來相當程度地主導
了東部地區的政經發展。卑南族人以這段光榮歷史深以為傲。以臺灣原住民
族人口而言，卑南族相對較佔所有人口是少數。今日官方網站，在介紹卑南
族以「卑南王」作為特色，卑南族在過往一直被認為是個「小國寡民」的族
群，卻有稱「王」傳說。或許這樣的口碑更可凸顯，臺灣原住民族在過往臺
灣歷史上所扮演的角色。

三、跨族群的「卑南王」

有別於官方網站，《維基百科》網站是人人可編輯的自由百科全書，自
2004年9月27日起設立〈卑南王〉條目，最後編輯修訂日期於2019年11
月4日。

> 關於卑南王的說法擁有兩種，第一種為荷蘭人所稱之的 Pimala
> Pinarai，第二種則為清治時期的比那賴（Pinadray）

〔註195〕林志興撰稿：〈卑南王比那賴〉，《臺灣大百科全書》（臺北市：文化部，2009
年9月9日），搜尋網址 http://nrch.culture.tw/twpedia.aspx?id=5415。
〔註196〕林志興撰稿：〈卑南王比那賴〉，《臺灣大百科全書》（臺北市：文化部，2009
年9月9日）。
〔註197〕《行政院原住民族委員會網》，https://www.apc.gov.tw/portal/index.html。

　　「卑南王」的說法《維基百科》網站加入，荷蘭人所稱之的 Pimala Pinarai
（卑馬巴的國王）。荷蘭文獻的資料，一直要到西元 2000 年之後，才陸續被大
量整理或翻譯成中文。從新譯中文的著作中，可以發現許多新的資料，對「卑
南」（臺東平原）這塊土地，有更進一步的認識：

> 比那賴又稱卑那來（Pinadray〔1〕或 Pinaday〔2〕），為東臺灣民間
> 傳說中的英雄人物，雖其出身及生平皆有所爭議，但因其助清朝官
> 兵阻饒林爽文餘黨自浸水營古道逃到臺東有功，受乾隆招待至北京，
> 並獲得「卑南王」之稱號〔3〕，而其所統轄之區域則稱為「後山七
> 十二社」〔4〕。

> 〈比那賴〉撰寫資料來源如下列：
> 〔1〕重探卑南王在花東歷史中的角色：從乾隆皇帝與「卑南王」的
> 　　　邂逅談起
> 〔2〕臺灣原住民族文化知識網——歌謠欣賞
> 〔3〕浸水營古道：見證南臺灣東西岸交易史
> 〔4〕清代東部後山圖

《維基百科》〈卑南王〉條目所引用的資料，包含：《臺灣原住民族文化知識
網》、〈浸水營古道：見證南臺灣東西岸交易史〉等、大多來自網路上可搜尋
得到的資料，過往的方志和未在網路登載的研究，皆不在引述範圍。

　　《臺灣原住民族文化知識網》網站中介紹陸森寶 1964 年左右，將西洋
民謠改編譜上詞，作成「卑南王」，讓卑南族追念祖公改善族人生活的事蹟。
歌謠欣賞介紹卑南王為卑南族南王人，善於經商，年輕時遷入屏東縣水底寮
開商店從事交易致富。他娶漢族女子陳珠仔（sa lao loi），返回家鄉成為南王
第十八代頭目。他並從西部引進農具、稻種、家畜禽等，改良卑南族農耕生
產技術，增加產量。Pinaday 因治理卑南族政績卓越，清政府賜予「卑南王」
稱號，陸森寶先生 1964 年左右將西洋民謠改編譜上詞，作成「卑南王」，讓
卑南族追念祖公改善族人生活的事蹟。

　　〈浸水營古道：見證南臺灣東西岸交易史〉該篇是記者報導《浸水營古
道》出版的推播新聞。〔註198〕長期研究臺灣古道的徐如林、楊南郡於 1990
年代初，進行臺灣古道調查時，發現卑南族走浸水營古道，帶著熊掌、鹿茸、

〔註198〕楊鎮宇：〈浸水營古道見證南臺灣東西岸交易史〉，《上下游 News&Market》，
　　　　2011～2019。搜尋網址 https://www.newsmarket.com.tw/blog/49313/。

玉石、金片等特產，到西部與馬卡道族做交易，交換食鹽、鐵鍋、農具、布匹等生活用具。古道見證過往臺灣東部與西部的貿易。〔註199〕

　　徐如林、楊南郡從經濟發展的角度來看比那賴（Pinalai）；描述荷蘭人佔領臺灣後，發現當時臺灣南部的平埔族西拉雅族，不論男女，胸前都配戴著金鯉魚樣式的純金薄片，還有金手鐲、金耳鉤。這些黃金透過浸水營古道，從臺灣東岸運到西岸，引起荷蘭人的探金熱，多次走浸水營古道到臺東、花蓮尋找黃金。浸水營古道，除了探金、交易，也是條逃亡之路。林爽文在台起義抗官，被清軍追打，林爽文的部眾，打算經由浸水營古道逃到臺東，不過被親官府的卑南族阻攔，只好返回枋寮，被清軍逮捕。事後乾隆皇帝還招待三十位原住民頭目到北京，其中一位就是日後被稱為「卑南王」的比那賴（Pinalai）。浸水營古道也是重要的「牛道」。臺東因曠野水草充足，適合牛隻放牧，因此浸水營古道從荷蘭領台到戰後初期，是牛販從東岸趕牛至西岸的必經之路。日治時期，臺灣東部放養的水牛、黃牛數量最多達兩萬多頭，當時的熱門行業之一便是「牽牛割」，從東部出發，少則牽二、三十頭牛，多則上百頭，成群走浸水營古道，牽到枋寮、水底寮一帶後，西岸牛隻價格往往是東部的兩倍以上。1930年，卑南社統記牛隻總數量多達600頭，可見部落富裕，經濟實力不可小覷。〔註200〕

　　網站末，以「軼聞」標題呈現：〈受封為王〉、〈卑南王之名〉。

　　　　受封為王，根據民間傳說，由於比那賴率領東部七十二社協助清朝政府殲滅林爽文餘黨，故受乾隆封為「卑南王」。然而，據史料紀載，當時的乾隆封賞之官位最高只達到「六品頂帶」，與民間口傳所言之「受封為王」出入甚大。此外，原住民社會中本無「王」的概念，但卻為原住民誤傳為受封得「王位」。

　　　　卑南王之名，卑南族盛傳，卑南社的頭目比那賴因有功而進京受封為王，因而統領東部七十二社，但根據清宮資料，1788年9月受臺灣當局遴選前往北京祝壽之30名原住民大小頭目包含四大總社之烏鰲總社、阿里山總社、大武壠總社及傀儡山總社等，與東臺灣有直接關係者僅傀儡山總社，而其總頭目名單為比那賴之父加六賽，

〔註199〕徐如林、楊南郡著：《浸水營古道：一條走過五百年的路》（臺北市：行政院農業委員會林務局，2014年）。
〔註200〕宋龍生：《臺灣原住民史‧卑南族史篇》，頁344。

而非比那賴本人。

　　這兩段記載主要參考陳政三：〈清代初期原住民大清帝國考察記—兼論清廷的原住民政策〉，本篇文章作者引用清宮文獻資料包含《清代臺灣關係諭旨檔案彙編》等，因而以不見於正式記載的雜談瑣聞的「軼聞」稱「卑南王」。由此可見多數人還是以「眼見為憑」來說歷史。

　　民間文學又稱口傳文學、口語文學，是存在人民口耳相傳之中。因此它與民眾的生活形態息息相關。隨著時代的變化，口傳的內容、意涵也有其時代性的差異。講述的展演方式也會隨著社會環境變遷，有了不一樣的發展。《維基百科》是現代百科全書的新類型。它允許自由的知識建構，並將知識開放於網際網路之中。雖然準確性仍是問題，還是在人們的支持下得以維持知識建構活動。《維基百科》允許每一個註冊的人去編輯或者更正條目的內容，因此在《維基百科》的內容正確性，變成了重要的議題。似乎一如口傳，敘事者依其所聽、所聞，口耳相傳，然《維基百科》又多了無邊無際的網路，敘事者靠著鍵盤敲擊，一樣可產生口耳相傳之影響力，傳播的幅度甚至更寬廣、更無國際。

　　Web 2.0 的時代的來臨，幾乎每個人都可參與網路的世界，每個人都能上傳或者編寫屬於他們自己的作品或者想法到網路上。如《康軒教師網》配合康軒 96 版國中社會第一冊（一上）第二單元第 1 課，編寫的〈卑南王傳奇〉教材：

> 據《清史稿》的記載以及日本學者鹿野忠雄、幣原坦等人的研究，卑南族雖未曾建立真正的國家組織，但一度稱霸於臺灣東部地區，被譽為「卑南王」。卑南族從荷蘭據臺時期之後，與官方關係良好，並透過聯姻、通婚的方式，結合了卑南族各社，使其勢力迅速擴大。到了乾隆年間，卑南社第十七代大頭目比那賴（Pina Day）更引進了漢人的農耕技術與器物，如犁、磨等，使卑南族的經濟實力大為改善。西元 1786 年（乾隆 51 年），林爽文事件爆發，隔年，清廷派福康安來臺鎮壓。比那賴與其父加六賽一同協助福康安剿滅了逃往後山（今花蓮、臺東一帶）地區的反清分子。西元 1788 年（乾隆 53 年）比那賴與其他四十二位頭目與族人上京面聖，比那賴並代表加六賽接受了清廷的六品頂戴的榮耀。透過清廷政治力的加持、卑南族自身的武裝力量，與強大的經濟實力，卑南族的勢力達到顛峰，

於是「卑南王」的名號，也就流傳於世了。

這段國中歷史教材，以過往多位專家學者「日本學者鹿野忠雄、幣原坦等人的研究」的研究為首，說明卑南族未曾建立真正的國家組織，對於卑南王是誰的爭議，以「比那賴與其父加六賽一同協助福康安來臺鎮壓」敘事來弭平爭議；「卑南王」的名號流傳力量乃是「清廷政治力的加持、卑南族自身的武裝力量，與強大的經濟實力，卑南族的勢力達到顛峰」因而流傳於世。以教材而言，似乎是最四平八穩的說法。

網際網路的無國界，資料的相互引用，民間網站、網誌所寫之「卑南王」，大致呈現與上述無太大差異，如：丹鳳國小原住民族教育資源教室〈深入認識原住民〉：

> 清康熙年間，以南王為首的卑南人，平定了朱一貴之亂的餘黨。因此被清廷冊封為「卑南大王」，並且賜予朝服，鄰近的阿美族、排灣族都要向其納貢、賦稅。是卑南族的全盛時期，也是族人至今津津樂道的光榮史蹟。〔註201〕

卑南王在各網站上敘事的共同點：清廷冊封卑南王，鄰近的族群都得向其納貢，卑南王是卑南族的全盛時期，族人至今津津樂道。

小　結

每個人眼中的「卑南王」千變萬化。

卑南王的存在不論是文獻或傳說，都證實過往的臺東平原上，俗稱卑南覓的地方，存在著卑南王，「卑南王」不只一位，他是一個氏系的領導，在風雲際會中他成為大家口中的「王」。「王」的存在超過幾百年甚至可能更久，只是文字來不及紀錄。卑南王的形成與卑南社的強大有著密不可分的關係，卑南王的意像在歷史積累的過程中，也成了當今卑南族的某種象徵符號。

瞭解與觀察一個人群、民族或地區的某種世界觀、生活觀或事務觀點，口傳資料是一個很重要的對象，在無文字傳統的社會當中，口傳資料就是主要的研究對象與材料。神話傳說及諺語等常為一社群之崇奉基礎與行事規範，不僅為說故事而已，且與其他部分相互交織呈現整體之功能；神話與傳說也反映了

〔註201〕　未著撰人：〈深入認識原住民〉，《丹鳳國小原住民族教育資源教室》搜尋網址http://163.20.170.200/aboriginal/new_page_24.htm。

某個社群的環境調適經驗社會結構、內心期望、對環境解釋。〔註202〕

　　歷史本身的記述，存在價值的判斷，打從歷史家下筆那一刻，歷史記述就已經隱含執筆者的意念，甚至在蒐羅資料之際，史料的取捨與應用，就已有所謂價值的判斷，歷史的客觀性，在於一種價值判斷。卑南王人物傳說故事與史料之間的關係，反應的當時的社會環境。從「事實」到「歷史」，其實經過書寫者的選擇，今日所見的歷史不過是「曾經發生的事」的一部分。歷史雖然包羅萬象，提供廣闊無限的園地，但今天我們記住的歷史往往只是前者的一部分。然而細細探究，能更往前一步接近卑南王。

〔註202〕尹建中：《臺灣山胞各族傳統神話故事與傳說文獻編纂研究》（臺北市：內政部，1994年），頁3。

第五章 誰的卑南王？從歷史傳說到權力話語

　　傳說可借一點點的歷史因緣任意點染，將不同時代的情節按其特點概括，集中在某個歷史人物身上，這也是民眾對歷史人物期望的反映。這樣往往讓歷史人物更典型性、更感人、更真實可信。歷史人物之所以感人至深，與民間傳說虛構的典型化手法是分不開的。當然，這種典型化手法常常是不自覺的。〔註1〕

　　許多研究者早已指出：

> 史學研究是「將每個文獻都看成文獻生產者的表達」，而在西方，「生產就是書寫傳說。在這些傳說的基礎上，通過將事件（事實、簡單的歷史）與表述（表徵、呈現和評論）割裂開來，歷史便發展起來。」故歷史「旨在從大量的『傳奇』中找到事件的真相，並以此進行一種與事物的『自然秩序』相吻合的敘述。在這種敘述之中，真真假假相互混合，層出不窮。」所以，「歷史」和「故事」絕非是對立的。而「正史」未必等同於「信史」；「以廣異聞」的民間俗說也未必無所據。」〔註2〕

　　人類對於歷史的記錄方式，大致經歷了「口傳—記事—敘事」三個歷程，由「口傳」到「敘事」，實是一個由官方記錄而民間創造、編纂，由簡而繁的

〔註1〕萬建中：〈民間傳說的虛構與真實〉，《文化研究》第3期（2005年），頁73。
〔註2〕密歇兒・德・塞爾托（Michel de Certeau）著，倪復生譯：《歷史書寫》（北京：中國人民大學出版社，2012年），頁15。

過程。〔註3〕英國當代社會人類學家‧彼蒂說：「歷史不能代替傳說，傳說也不能代替歷史。」新歷史主義（New Historicism）學家海頓‧懷特（Hayden White，1928～2018）認為：「歷史也是一種敘述，這並不否定歷史的真實性，反而著重在歷史文本是如何受到歷史環境與各種力量的影響。歷史學家在書寫歷史本的過程中也像文學家一樣充滿想像，將各種史料整理成有邏輯性的歷史，看起來很像是自然而然發生的一樣。」〔註4〕依此而觀，民間稱為卑南王，在人們心中各自有選擇，無論是「歷史」或「傳說」，都是反映人類記憶與回憶方式的一種「敘事」，因此並非一成不變、互不相涉。有時，「傳說」的虛構性正好構成了「歷史」不可或缺的元素；「傳說」的產生與重述過程，常也是一種社會知識與行為的刻意強調或重複，並包含著人們對某種價值的認同和傳承，本身也是「歷史」再生產的一部分。〔註5〕傳說（口傳）、歷史（記事）、「歷史」（敘事）三者的關係，在時間的動態中，經常是相互影響。如下圖：

圖3　傳說（口傳）、歷史（記事）、「歷史」（敘事）三者的關係圖

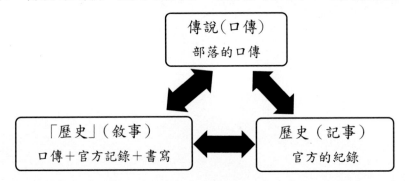

　　卑南王的傳說和歷史記載，猶如「你泥中有我，我泥中有你」，你儂我儂的緊緊相連；「卑南王」的英雄事蹟從口耳相傳，逐漸不斷被記載；1905年，日本政府明令不再准許向各社收貢，卑南王的歷史傳奇似乎應即已告一個段落。然不再收貢的卑南王，卻仍頻頻出現在歷史記錄中。如：活躍於日治時期至戰後初期初鹿部落頭目馬智禮，以及1993年當選臺東縣長陳建

〔註3〕錢茂偉：〈由記事而敘事：中國早期史學的文本化歷程〉，《東吳歷史學報》第14期（2005年12月），頁141～172。

〔註4〕海頓，懷特（Hayden White）著，陳永國、張萬娟譯：《後現代歷史敘事學》（北京：中國社會科學，2003年）。

〔註5〕劉惠萍：〈一種「歷史」、兩種「故事」——以兩漢的矗政傳說為例〉，《文與哲》第26期（2015年6月），頁159～160。

年〔註6〕，他們都被稱「卑南王」。

　　不僅是社會上產生新的「卑南王」，文學作家也有以卑南王為素材創作。隨著時間演變，作家天馬行空的「卑南王」想像有其根由，爬梳其根由，則能顯現隱藏於文本後的各種形構力量。從認識論的角度而言，所有昔日的語言和今日的語言活動都會進入文本，因此文本不會單獨存在，是會受到社會文化的影響。人類運用文學、藝術等紀錄表達集體記憶的多元情緒，使得口耳相傳的傳說進入以文記載的社會，並以不同形式的文本展演。然，流傳的文本幾乎讓人難分是「故事」？還是「歷史」？如作家巴代《最後的女王》小說，將陳達達喻為宋朝抗金女將梁紅玉，是他心中的卑南王。作家的高知名度，讓「卑南王」引起更廣泛的討論與流傳。不僅是在文學中的發展，卑南族人以學術的表達方式，發聲討論「卑南王」，也以文化展演的方式寫下「我族」觀點。

　　本章首先討論卑南王的傳說（口傳）、歷史（記事）、「歷史」（敘事）三者所形成的網絡關係，再進而觀察分析有關 1905 年後，被民間稱之「卑南王」人物與文學創作，透過觀察民間文學的展演，關注各種文本與卑南王傳說間的關係，並從中觀察「卑南王」如何被「說」與「再說」。

第一節　歷史與傳說交織中的卑南王

一、從傳說人物到歷史人物

　　學者認為傳說是歷史性較強的民間故事，它和神話不同。傳說有客觀的歷史事件、歷史人物或地方風物作根據，產生較快，數量很多。它是流傳在人民口頭的歷史，也是人民口傳的報告文學。它的主人公是人，不是神。〔註7〕傳說不僅是口傳之說，它作為一種文體，主要是因傳說與一定的歷史人物、歷史事件和地方古蹟、自然風物、社會習俗等有關。它既不像神話那樣講開天闢地時的英雄，也不像童話那樣與歷史和地方風物不相關聯。它實際上是帶有歷史性和地方性的口頭文學。〔註8〕也就是說傳說與神話、童話、故事最

〔註6〕　陳建年常被視為臺灣歷史上第一位具原住民身份的縣長，事實上首位具原住民身份（卑南族）的民選縣長應為陳振宗（1950 年 11 月～1951 年 10 月）。不過，並未見到有人或紀錄以「卑南王」稱呼他。

〔註7〕　段寶林：《中國民間文學概要》（北京：北京大學出版社，1993 年），頁50。

〔註8〕　張紫晨：《民間文學基本知識》（上海：上海文藝出版社，1979 年），頁24。

大的不同在於他的「歷史性」。人民通過傳說，述說歷史發展中的想像、事件和人物表達人民的觀點和願望，從這個意義上來講，傳說可說是人民的「口傳的歷史」。〔註9〕

　　隨著荷蘭進入臺灣東部尋金，已進入官方文書記載的「pimaba」，成為東部地方會議中心。然隨著政權的更替，不同語言記錄不同，留下的記載隨著荷蘭撤回，後繼的漢文記錄與荷文記錄形成斷裂。滿清雍正皇帝更曾認為臺灣自古不屬中國，更遑論是這些記載，僅是過往的邊疆傳說。清治臺灣初期採取「為防臺而治臺」的消極防制態度，在施琅消滅東寧王國後 8 個月，康熙皇帝於 1684 年 5 月才令將臺灣收入版圖。將行政區域名由「東寧」改為「臺灣」。「卑南王」的口傳如何進入清代歷史，依前章所述分為下列作說明：

第一階段：清治前期大土官傳說

　　清治期間，臺灣島上抗官的民變迭起，因臺灣的形狀為南北狹長，中間有中央山脈阻隔，移民來台時多被山脈阻隔，定居西部平原；加上臺灣早期的開墾是從南往北發展，清初民變起事的地點多位於中、南部。東部對於朝廷與民間而言，都是路途遙遠的地方，直到朱一貴、林爽文兩起事件發生，清廷為防止漢、番結合，才開始關注臺灣東部。然，迥然與西部不同族群關係，東部並非「漢番雜處」的環境；從荷蘭時代民間即已傳說東部有番社，番社有酋長，荷蘭東印度公司聽琅橋人說：「從上述瑯嶠再過去三日路程的山裡（那裡的人也跟瑯嶠的人敵對）有黃金」〔註10〕，「位於從他們那裡向北上去一兩天路程的兩三個稱為卑南（Pimaba）的村莊」，〔註11〕也聽到往來東部的商人說：「……有 1000 個魁偉的戰士，武器有弓箭和 15 呎長甚至 18 呎長的矛，還有六、七個小村莊附屬於該村莊……」〔註12〕，臺灣東部有金，金在某部落，某部落有酋長……等等有關傳說，直指卑南覓地區有個最具勢力之人，隨荷蘭尋金的拓展因而逐漸將其寫入開發日記中。

　　然，這樣的記載對於從未想要好好治理臺灣的清廷而言，僅是邊疆傳說，不值一提。藍鼎元被譽為「籌臺之宗匠」。連橫在臺灣通史中說：「鼎元著書多關臺事，其後宦臺者多取資焉。」〔註13〕藍鼎元從未踏入後山，僅知「番

〔註9〕鍾敬文主編：《民間文學概論》（上海：上海文藝出版社，1980 年），頁 183。
〔註10〕江樹生譯註。〈熱蘭遮城日誌／I-H／1636-04-11〉。
〔註11〕江樹生譯註。〈熱蘭遮城日誌／I-H／1636-05-19〉。
〔註12〕江樹生譯註。〈熱蘭遮城日誌／I-I／1637-02-17〉。
〔註13〕連橫：《臺灣通史》，頁 954。

性嗜殺，本鎮不得已而用」，以「賞以帽靴、補服、衣袍等件，令其調遣崇爻七十二社壯番」。黃叔璥的《臺海使槎錄》「番俗六考」，及之後的修志者，也大多以藍鼎元的記載為基礎史料。〔註14〕黃淑璥接續藍鼎元記載，對於大土官文結所轄七十二社模模糊糊，記載大土官文結統領後山，「有犯及獲獸不與豚蹄，以背叛論，即殺之。」〔註15〕，可見這位大土官，接續荷蘭時代至清治時期仍是東部最具勢力的人。

第二階段：封山設界女土官傳說

進入封山設界的臺灣東部，約在道光2年至10年（1822～1832），北路理番同知鄧傳安寫下：「聞南路之卑南覓亦有官置社丁首」，不曾來過卑南覓的鄧傳安，以耳聞方式寫下聽聞，並引用藍鼎元之記載，文結之後以「女土官」繼任，記載「寶珠盛飾，如中華貴家，治事有法，或奉官長文書，遵行惟謹。……」，女土官寶珠的說法在丁紹儀《東瀛識略》被引用，甚至還將「寶珠」認為是漢人名妓的想法。〔註16〕

清廷初期治臺政策在「防內亂」，第一階段的「大土官」協助朱一貴事件寫入歷史，「文結」成為有功官員進入歷史記載。但進入封山設界，封閉的東部空間，張三李戴的「女土官」，這位東部最具勢力的人，讓民眾更多添想像。

第三階段：開山撫番自稱為王傳說

進入「開山撫番」階段，東部最具勢力的人從耳聞的記載，開始進入官方文獻記載；夏獻綸、吳贊誠在臺灣辦理「開山撫番」事宜，兩位官員還是引用藍鼎元的記載大土官，「曾受銀牌、文服之賜，至今藏之」，「卑南王」只是過去歷史，對於民間有「卑南王」一說，已開始記載為是「自稱為王」，不再否認民間有「王」的說法。

自宋朝至清朝，大多數地方志的編纂都是由政府官員發動，因此地方志所收內容多數是政府所關心的資訊，例如戶口、賦稅、兵制等主題。到了明、清時期，地方志以行政區域作劃分，逐漸形成了一個階層體系：全國（一統志）、省（通志）、府（府志）、州／廳／縣（州／廳／縣志），縣級以下的地方志編纂通常不是國家所關心的。方志對國家統治還另有更深層的文化層面

〔註14〕引自臺灣銀行經濟研究室編輯室：臺海使槎錄書籍說明。
〔註15〕黃叔璥：《臺海使槎錄》（臺北市：臺灣銀行經濟研究室，1957年），頁150～155。
〔註16〕《臺灣的想像地理》，頁219。

作用，亦即方志根據官方標準，對地方建構一套系統性的知識論述，透過客觀化的策略，將帝國的秩序觀與正統觀，加諸於地方社會的社會文化現象，同時達到模擬現實與塑造現實的效果，為帝國建立統一的文明秩序。〔註17〕

換言之，明、清時期傳說不在地方志所收藏的範圍。「卑南王」也是如此。清初，民間口耳相傳中的七十二社之主，官方的記載僅是荒疆僻壤一地，最具地方勢力的人。但每每朝廷必須借助其力，消滅民間叛亂勢力時，又不得不將任務託付給，早有傳聞的七十二社之主，將其任命為卑南覓大土官文結。這樣的紀錄，幾乎囊括清代方志，成為臺灣東部基礎資料；後續的每一階段敘述，也僅是以「卑南覓大社，向為七十二社之長；歸化最早。康熙、乾隆間，大軍先後渡臺平朱一貴、林爽文之亂，該社酋長或奉檄搜捕、或遠出迎師；屢受銀牌、衣服之獎，……」〔註18〕在文獻記上一筆。清廷官員或輔佐清廷官員，所述內容多以「聽」說的方式記下卑南王。因此即使民間早已有「卑南王」之說，那也僅是傳說，屬「化外之說」，不論是方志或是官方正式文獻，清代的記載「七十二社之長」僅能看見是「自稱為王」。撰寫人幾乎都未曾來到卑南地區，都僅是「聽」傳說，「寫」歷史。這階段的文獻記載特色是視傳說為「奇風異俗」而加以記錄。一如王明珂指出：

> 生活在自己所熟悉的世界與各種「核心主義」（centralism）之中，社會、文化與學術規範已告訴我們「什麼是重要的社會現象」，「什麼是重大的歷史事件」，以及「何者是重要歷史人物」。我們常因此把「表徵」當作社會真相（social truth），將「文本」中的過去當作歷史事實（historical facts），以此熟悉化我們所熟悉的知識與社會體系。同時，我們也以「奇風異俗」、「神話」、「傳說」，並描述或感覺它們的荒謬、可笑，來合理化我們所不熟悉的知識社會。〔註19〕

清代書寫「卑南王」的人，大多為具有悠久文字書寫傳統的華夏人群，自有一種特殊的「歷史心性」及「歷史概念」，並據此相信某種類型的「過去」才是真實與重要。民間口耳相傳描述的卑南王，雖在清代文字的記錄是「化外之說」的傳說，然也因透過文字的留下，進而從傳說人物—「卑南王」，進入歷史記載成為歷史人物—「卑南王」。

〔註17〕林開世，〈方志的呈現與再現—以《噶瑪蘭廳志》為例〉，頁1～60。

〔註18〕吳贊誠：《吳光祿使閩奏稿選錄》（臺北市：臺灣銀行經濟研究室，1966年），頁9。

〔註19〕王明珂：〈瓦寺土司的祖源：一個對歷史、神話與鄉野傳說的邊緣研究〉，《歷史人類學學刊》第2卷第1期（2004年4月），頁53。

二、從小傳統到大傳統的「歷史」記載

中國具有悠久的地方志編纂傳統，在明、清時代蔚為大觀；明代至少編有3470部地方志，清代地方志有5685部。〔註20〕明、清方志固然主要以府、州、縣等官修方志為主，但同時也有為數可觀的鄉鎮志，現存者多數都是由地方精英主導私修、未經地方政府審訂的。這類私修鄉鎮志的目的，主要在於搜羅地方文獻以記錄當地活動。〔註21〕主要目的在於建立良好的地方秩序，具體內容則是國家權力與地方勢力透過合作達成平衡的結果。〔註22〕

光緒19年（1893），胡傳任臺東直隸州知州任時，適臺灣倡修「通志」，各縣廳編造采訪冊。《臺東州采訪冊》係由「通志」稿中抽出單獨印行，亦稱《臺東州采訪冊》。內容分建置沿革、疆域、山川、職官、廨署、營汛、鋪遞、莊社、墾務、水利、田賦、津渡、祠廟、風俗、土產、災祥、兵事、忠義、宦績、藝文等二十目。臺東州所屬地前係南路理番同知所轄，以其地荒僻，不責貢賦而以化外視之。書末，臺灣銀行經濟研究室編另收陳英撰「臺東誌」一卷，作為「附錄」，認為所撰「臺東誌」較「采訪冊」為晚，可補「采訪冊」之不足。〔註23〕

胡傳和陳英兩位作者，幾乎在同時間呈現自己的地方觀點，但有顯著的不同，後人將其共同蒐錄以呈現清末的臺灣東部。胡傳對於卑南社領導人隻字未提，清末任職官員的陳英，寫下早在道光以前，即有卑南王。相較光緒元年《清季申報臺灣紀事輯錄》官方記載，「其番目自稱為「卑南王」，〔註24〕此時的陳英所撰《臺東誌》記載不再以「自稱」記之：

> 道光以前，卑南生番甚眾。有一番超乎眾之上，稱為卑南王，總管
> 七十二社。七十二社之中，凡有射鹿、殺牛、宰豬者，必送一足與
> 卑南王，名為「解貢」。

〔註20〕根據巴兆祥，〈論明代方志的數量與修志制度—兼答張升《明代地方志質疑》〉，《中國地方志》2004.4：46，明代至少編有3470部地方志；而中國科學院北京天文臺主編，《中國地方志聯合目錄》（北京：中華書局，1985年），列有5685部清代地方志。

〔註21〕李宗翰：〈清代地方志的知識性質—以光緒《金門志》為例〉，《漢學研究》第33卷第3期，頁242～243。

〔註22〕李宗翰：〈清代地方志的知識性質—以光緒《金門志》為例〉，頁270。

〔註23〕未見著作人。參考胡傳《臺東州采訪冊》書籍說明。

〔註24〕臺灣銀行經濟研究室編：《清季申報臺灣紀事輯錄》，頁553。

　　陳英記「有一番超乎眾之上，稱為卑南王」，將清代的官方記載中所謂的「傳說」加入，早在封山設界時，卑南覓即已不納社餉，周遭的番社卻得向其「解貢」，即可知為何陳英說稱為「卑南王」。這段記載在日治時期，引起日本學者紛紛進入田野一探究竟。收集到多個文本，有屬日籍者田代安定、白川夜舟、伊能嘉矩、粟野傳之、幣原坦，書寫者都親至臺灣東部田野調查，然其所記錄有繁、有簡，最大的特色是記下多項民間觀點，再加上自己的觀點，形成紀錄以作為日本當時施政之參考。如田代安定以〈卑南王史〉記之：

　　　　卑南王史。聞卑南王姓陳名生，……伐聞卑南王之事如此，今為大人述之。但未知真否。

　　幣原坦以〈卑南大王〉記之：

　　　　當時在卑南地方，有一傑出人物比那賴 PinaLai，他的勢力慢慢擴張到近鄰，但是雖然是傳說，他的事業究竟如何，則無記載，不為人知。……

　　兩位都對「卑南王」半信半疑，將歷史與民間說法間雜在其記錄中。

　　田代安定、伊能嘉矩、粟野傳之、白川夜舟等，所載時間與陳英幾近相同，都還未提及比那賴 Pinadray。田代安定記載「聞卑南王姓陳名生，在卑南社為頭人」，所指當時任通事之陳安生，也稱之為「卑南王」。明治 33 年（1900）幣原坦〈卑南大王〉首見比那賴 Pinadray 被指出，但卻記載「他的事業究竟如何，則無記載，不為人知。」，所述的盛況與時間點與前三者略有不同。幣原坦說：比拿賴是 250 年前的人物，以當時田調時間 1930 年計算，等於是 1680 年前的人物（康熙年間），和史實稍有出入，其敘述是朱一貴事件是康熙 60 年，時間卻吻合。

　　伊能嘉矩、粟野傳之《臺灣蕃人事情》將傳說與歷史記載綜合，加上推測與相互交叉比對，建構出卑南王，令人分不清其記載何者「真實」，何者「虛構」。兩人記載指出「當時漢人稱卑南蕃族頭人為「卑南王」其威力遠震四方。」：〔註25〕

　　　　康熙末葉朱一貴為亂，叛亂首領被誅後，殘餘黨徒遁入卑南地方，清政府諭令卑南族總頭目追一蹤並剿滅，總頭目因此立下大功。清朝賞賜總頭目及其他蕃人，給予金品、服裝等，從此總頭目被漢人冠上

────────────────────

〔註25〕伊能嘉矩、粟野傳之丞著，傅琪貽（藤井志津枝）譯：《臺灣蕃人事情》（臺北：原住民族委員會，2017 年），頁 342。

「卑南王」的稱號。由此推測，漢人得知卑南方面的蕃人情形應該是
在康熙中葉，其勢力當時還很強盛。後來總頭目比那來死亡，由子孫
繼承總頭目，漢人一樣奉他為卑南王。……乾隆末年發生林爽文之
亂，全臺幾乎陷入亂賊手中，當時鳳山城也被亂賊包圍，恰好卑南族
總頭目率領部下數百人到枋寮交換物品，清政府官吏竟諭令協助誅
討。卑南王臨危受命奮戰擊退亂賊，又立下大功，使縣城順利收復。

亂平後，論功行賞，清朝政府賜予總頭目銀牌一面。〔註26〕

伊能嘉矩、幣原坦兩位的記敘的卑南大王，都說朱一貴事件時的總頭目，並非
清領文獻大土官「文結」。1945 年以後多位敘事者引述《清高宗實錄選輯》、
洪安全等《清宮諭旨檔臺灣史料》，清楚指出文獻記載「加六賽」為傀儡社的
代表。宋龍生以田野採訪資料佐證民間說法，去北京為比那賴 Pinadray，自此
後的文本資料，皆直指「卑南王」為比那賴 Pinadray。可見傳說影響了學者的
「歷史」記載。

1999 年 8 月 28 日南王社立碑紀念「卑南大王」，以：「……清乾隆末年林
爽文之亂其殘餘逃至後山東部地區，清廷特請卑南社大頭目加六賽協助而號
令所轄七十二社人緝捕因有功。清帝特召見進京入覲獎賞，但加六賽年事已高
乃委兒子比那賴為代表接受封賜。……」這樣的說法，加上學者出版的官方歷
史文獻，「卑南王」為比那賴 Pinadray，被大量引用至各種文獻資料。梳理「卑
南大王比那賴」的形成過程：民間口傳說法→官方的文獻記載→寫入卑南族
「歷史」。

綜觀日治時期以後的〈卑南王〉文本最大不同是，皆認為有卑南王的存
在，「卑南王」是民眾稱之並非自稱。文本作者或多或少都讓口傳中的「卑南
王」與歷史文獻相結合，成為自己的觀點。口傳與、歷史之間的界線變得模
糊，卑南王在陳英提出後，其身分、事蹟愈來愈明顯，並未因時間的久遠，
讓人物愈來愈模糊。可見反映出當時人們的生活，「卑南王」仍在社會環境與
文化中居重要性。

宋龍生所撰《臺灣原住民史卑南族史》，「卑南王」為族史的關鍵發展點，
卑南王並非傳說而已。然，面對清楚文獻指出「加六賽」為傀儡社的代表時，
並非比那賴，他提出：「族人是憑著自己的智慧、勇氣和歷史上的際遇、地
理上的條件，贏得這個尊號。」認同卑南王的真實存在，獲封與否並非卑南

〔註26〕伊能嘉矩、粟野傳之丞著：《臺灣蕃人事情》，頁 348。

王的來由，卑南王其實是來自周遭的認同而口耳相傳，輔以卑南社人的說法，證明卑南王就是比那賴。

從上述傳說與文獻的記載可發現，日治時期以後卑南王的建構：「部落的口傳＋官方記錄＋部落的敘事」→「歷史」。傳說（口傳）、歷史（記事：官方的紀錄）、「歷史」（敘事：口傳＋書寫＋官方記錄）三者形成「卑南王」，如下圖4。在整個時間的動態中，卑南王的記憶經常是相互影響。在三者相互動態影響下，形成卑南王，他不僅是傳說，也是歷史。

圖4　日治時期以後「卑南王」的構成圖

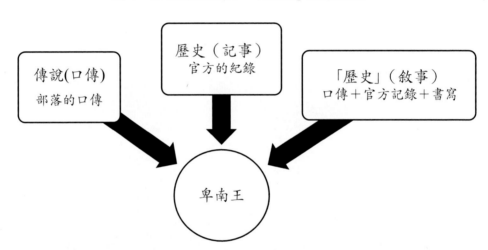

歷史留給我們卷帙浩繁的史料書籍，留給我們富麗堂皇的殿宇樓臺，也留給我們巧奪天工的金石玉器，但歷史留給我們更多的是各執一詞的故事，和眾說紛紜的傳說。〔註27〕日本治臺的五十年當中，對原住民歷史敘述的方式有一個新的發展，即殖民地政府對原住民社會田野調查的全面展開。臺灣原住民族逐漸成為人類學家筆下的存在，其歷史敘述也充滿人類學式的修辭，體質、考古、語言學、工藝技術、親屬制度、生命禮俗、宗教儀式、族群識別等等。

日治時期的人類學者或田野工作者，因其旺盛的求知慾，上山下海，為原住民存留了寶貴的歷史、文化資料。但也由於他們大都只是觀察者、研究者、記錄者，有關原住民自身歷史建構的問題非其關心之所在，因而在他們筆下，原住民頂多只能是「學術的存在」。無論如何，第三人稱的敘述，不

〔註27〕谷吉兒：《歷史是寫出來的：解讀世界歷史中的真相》，頁227。

管敘述者以哪一種身分、角色或心態，為原住民書寫的歷史，始終是一個沒有真正的歷史。〔註 28〕

　　進入國民政府時期，過往由官方與史學文人所掌握、書寫的文化傳統，逐漸受民間對於土地的熱愛與追求，不只是利益，還包含熟悉度、親切感與價值判斷等，接受外在社會的新事物引入或影響，卑南王的書寫在大傳統與小傳統間兩者相互依賴，構成整個「卑南王」歷史。正因鄉民社會被包含於整體的大社會之中（傳統的帝國體系、殖民體系或現代國家社會），使得卑南王存有兩種傳統的互動關係。〔註 29〕

　　從傳統文化與現代化的角度來看，社會精英和大傳統為核心的文化更易接受新的變革觀念，與「現代」緊密聯繫，以民間和小傳統為核心的文化則不易接受新觀念，是保守的，與「過去」聯繫，也被稱為「草根力量」。在現代化過程中，大傳統對小傳統的影響也並非是絕對的，這一過程實際上是一種「傳統的再造」，並突出了小傳統在再造過程中的作用。〔註 30〕

　　從：傳說（口傳）—歷史（官方的記事）—「歷史」（敘事：口傳＋官方記事＋敘事），書寫「卑南王」者的選擇，讓歷史（官方的記事）與傳說（口傳），不斷在時間動態中進行交織形成歷史，但今天我們記住往往只是一部分。傳說「故事」在流傳的當時，對講述者和聽聞者來說，都是「認真」以對的。卡耳《何謂歷史》序言提出：「歷史是現在與過去之間，一段永無止盡的對話。」〔註 31〕也就是說歷史本身就是一種不斷對話的過程，在研究過去史料的同時，也加入了自己的判斷，最後詮釋這些歷史。其中較值得強調的意義是：肯定被研究者主觀的歷史觀在社會生活中的重要性；突破客觀存在的史實是歷史探討與解釋的唯一方式。

〔註 28〕孫大川：《夾縫中的族群建構》（二版）（臺北市：聯合文學，2010 年），頁 86。

〔註 29〕美國人類學家羅伯特‧雷德菲爾德（Robert Redfield）在對墨西哥鄉村地區研究時，開創性地使用大傳統與小傳統的二元分析框架，並於一九五六年出版了《農民社會與文化》，首次提出大傳統與小傳統這一對概念，用以說明在複雜社會中存在的兩個不同層次的文化傳統。所謂「大傳統」指的是以都市為中心，社會中少數上層士紳、知識份子所代表的文化；「小傳統」則指散佈在村落中多數農民所代表的生活文化。鄭萍：〈村落視野中的大傳統與小傳統〉，《讀書》第 07 期（2005 年），http://www.wenxue100.com/baokan/455.thtml。

〔註 30〕鄭萍：〈村落視野中的大傳統與小傳統〉，《讀書》第 07 期（2005 年），http://www.wenxue100.com/baokan/455.thtml。

〔註 31〕Edward. H. Carr（愛德華‧卡耳）著，江政寬譯：《何謂歷史？》（臺北市：博雅書屋，2009 年）。

換言之，建構部落歷史時納入傳說，不需要以意義上的「客觀與真實」去檢視，重要的是它形成了源遠流長的社會記憶，一代一代流傳，在對先祖共同記憶中延續著族群的認同。

三、傳說「英雄」的誕生

大多學者認為不論是源起本土，或是來自外海，神話顯露卑南族人早在難以估算的「從前」，就生活在臺東平原上。卑南族光榮的歷史普遍為卑南族人認同，卑南族史的「卑南王」，族人更認為臺灣原住民民族精神的翻轉，學術研究是此一翻轉最關鍵的一步。2013 年 11 月 9 日，卑南族人自行發起的第一屆「卑南學」學術研討會。催生者之一巴代對於推動「卑南學」學術研討會的初衷表示：「作為一個具獨特文化特質的族群，除了感激歷年來投入研究的先行者，也希望能鼓勵自己的族人們加入研討的行列。在未來能夠自發性地繼續從不同的領域與視角，觀察記錄並詮釋自己民族的文化現象與族群處境。同時也結合各界願意探究卑南族各項議題的學者專家們，在過往的基礎上共同繼續深入探究，以期建立當代卑南族各項議題的資料庫，為建立「卑南學」成為一個學門領域添磚積瓦。」〔註32〕

可知族人認為卑南族需要學術知識的生產。以往原住民被當作材料，提供「他者」從事知識生產，成果卻與原住民「疏離」，無法回饋成為民族文化創造的養分。1990 年起，這種現象開始有了根本的改變，一方面是原住民年輕的學者愈來愈多，試圖以本族人的身分，參與各式各樣的知識生產；另一方面是學術研究的科目、課題和範疇也日漸擴大，不再拘限於人類學學門，文史哲、法政經濟、自然環境乃至教育和藝術等等，無一不是原住民學術研究的對象。2013 年，首屆舉辦「卑南學」研討會的卑南族學者孫大川指出，卑南族研究「不只是公開性的學術興趣，它同時有一個「向內」的幅度，嘗試在現代社會的框架裡，重建部落的倫理與整個生活世界，找回文化內在活潑的動力。」〔註33〕

換言之，當代族人們嘗試，由自己連結傳統，自己發聲，去發現過往的卑南族。例如：林志興的研究中顯示出在都市移民的卑南族人的社團組織中，

〔註32〕 資料來源為巴代於第一屆「卑南學」學術研討會專題網站及 facebook 專頁所撰寫的公開內容。

〔註33〕 孫大川：〈卑南學〉，收錄於林志興主編《卑南學資料彙編：卑南族族群研究與部落調查資料彙編》（臺北市：山海文化雜誌，2014 年），頁 5。

彈性的以「實踐」為判定成員的標準。〔註34〕陳玉苹的研究中發現知本卑南族人對於力量的崇尚而以合或不合作為轉換的機制，黃麗珍提到初鹿卑南人對於外族 panapanayan 化的現象〔註35〕，以上的研究成果都顯示出卑南族人文化上的彈性且適應力佳〔註36〕。不過，在順應與彈性的與外界接觸過程中，「傳統文化」看似逐漸喪失，但是卑南族人運用既有資源進行文化復振或是再創的運動中，重新的恢復了許多「傳統」，甚或是「創新的傳統」。

神話傳說中人物、情節、內容等，往往會在社會文化溝通及對話過程中不停轉化其原有的意涵，或擴大其原有文化所賦予的意義範圍。在許多時候神話傳說中人物、情節的變異，除了傳播過程的穿鑿附會，可能還更與當時社會風尚、時代意識及人們心裡的期盼相關。縱使事件內容依舊，看法與事件之間的關係與敘述方式，則隨時「跟著時代走」，因此，從神話傳說看社會文化，首先看到的是說述這件神話傳說的當時人們的文化社會，不是神話傳說發生時代的文化社會。〔註37〕

卑南族又稱為「八社蕃」，從北邊的初鹿部落，至最南邊的知本部落統稱八社十部落，臺東老人說初鹿部落最強悍，因為他們常和布農族人對抗，但清廷可能認為最強悍的是利嘉部落，因為大庄事件他們須派最現代化的北洋艦隊，前來東部海岸鎮壓才得以撫平爭端。族內的各社都曾為一方之主，「卑南王」如何成為族人津津樂道的事蹟？

卑南族研究學者林志興指出在傳統卑南族的社會中，並沒有「王」這類具有至高無上權威的職位，領導者往往是推舉而來，但在國家力量進入臺灣東部以前，卑南社靠著比較容易接觸外來文化的優勢，建立了強大的聲勢，造就了文獻中「卑南王」的出現。〔註38〕民間傳說，由於比那賴協助清朝政府殲滅林爽文餘黨，故受乾隆封為「卑南王」一統東部七十二社。清廷對邊疆番國的態度，無封「王」制度。傳統原住民也沒有「王」的概念，誤傳從何而來？是誤

〔註34〕林志興：《花環（inupiDan）的重現：高雄地區卑南族非親屬性組織之研究》（臺北市：國立臺灣大學人類學研究所碩士論文，1996年）。

〔註35〕黃麗珍：《初鹿「卑南」人的家》（臺北市：國立臺灣大學人類學研究所碩士論文，2001年）。

〔註36〕陳玉苹：《先天的資格與個人的選擇：知本卑南人的階序與群體界線》（新竹：國立清華大學人類學研究所碩士論文，2001年）。

〔註37〕張光直，〈中國創世神話的古史分析〉，收錄於馬昌儀編，《中國神話學文論選粹》（北京：中國廣播電視出版社，1994年）下編，頁44～45。

〔註38〕林志興、巴代主編：《回凝與前瞻：卑南族研究的回顧與展望》，頁1。

傳嗎？雖「歷史文獻」上無所謂的「卑南王」；並不代表不能形成如「王國」般的村社制度。

荷蘭人來東尋金，南征北討，其所言的「king」，接納面臨外來的勢力，展開東臺灣的擴展經營。之後鄭成功圍攻熱蘭遮城時，荷蘭東印度公司的部分官員士兵，逃至卑南地區尋求庇護。清治起，先是「封山設界」後是「開山撫番」，直到日治取消「卑南王」的繳納貢租，在一連串的歷史過程中，異軍突起造就其盛世，又因土地的快速流失、文化的認同變遷，造就其文化沒落。由此推論，在卑南族發展的歷史，需要一位英雄存在，透過英雄人物的塑造，傳承過往輝煌的歷史，以凝聚族群意識。

過往傳統卑南族部落領袖有三種形式：

1. 政治與軍事領袖—Ayawan

卑南族的每個部落都是獨立自主的政治單位，每一個部落都有屬於自己的 Ayawan，為部落內負責政治、軍事、司法與祭典的領導者，指揮命令狩獵、出草、農耕、司法、祭典等相關事宜。由部落裡領導能力強的人來擔任，頭目之下有 kadawadaeayan 及 ematip 兩幹部。前者為社中長老，智勇出眾且通曉古事典例，擔任軍事、司法、祭典及其他事項之顧問，顧問為終身職，且選任是由頭目、長老協議，從長老中之耆老選出才能德望出眾者。後者ematip 可說是跟隨頭目的秘書，聽從頭目指揮處理庶務，秘書之職則由頭目與顧問協議，由經常在會議中提出意見的長老中選任。〔註39〕

2. 農耕祭儀領袖—Rahan

部落的祭司管理與戰爭和出獵有關祭祀，地位崇高，並且負責豐年祭有關的各種農耕祭祀等。祭司 Rahan 一職在頭目產生並掌管部落軍政要務之後，便轉而純負責主持部落性的重要祭儀活動，由於各部落的祭祀幾乎是圍繞農事安排，因此祭司的責任在於掌握與引導部落的耕耘、播種、間苗、除草、收割等生產活動的正常開展。祭司熟知曆法、氣象和歷史，深諳歌訣咒和舞蹈，被認為是部落中博學多才、溝通人神的智者。通常主祭與頭目會同時存在於一個部落之中，但有的部落最後只有 Ayawan 一職，既是部落行政的領導同時也主持部落祭祀。Rahan 一職並不一定父傳子，通常前一任 Rahan

---

〔註39〕衛惠林、余錦泉、林衡立（原修）：《臺灣省通志卷八同胄志第七冊魯凱族排灣族卑南族篇》（臺中：臺灣省文獻委員會，1972 年），頁 378～380。陳文德：《臺東縣史卑南族篇》，頁 70～71。

還在世時，就從同一個家系中的成員挑選出一位繼任者，加以訓練。〔註40〕

3. 人神溝通者—巫（祭）師

卑南族巫儀威名顯赫於東南臺灣數百年，執行儀式的卑南族巫（祭）師，也成為強大神秘力量的象徵，受到鄰近族群的崇敬，甚至對卑南族巫（祭）師抱有莫名恐懼的心情。相關記載除可追溯至荷蘭時期的文獻，卑南族人世代流傳的神話傳說也不乏對於巫（祭）師神蹟的描述。普悠瑪部落卑南族人原始信仰相關儀式的執行者，目前可分為 temararamaw（俗稱巫師）、meraruwa（俗稱祭師），以及 maelraw（俗稱竹占師）三類。〔註41〕

三種領袖的形式帶領部落運作，及族人的日常生活。由此看來部落確實有如「國王」般運作。表面上，卑南王傳說充滿了時空錯置與幻想虛構，一如許多民間傳說和神話故事的具體情節成者人物都有可能是虛構的，但是他們所表現出來的歷史情景，與創作者、傳播者、改編者的心態與觀念卻是真實存在的，我們所要瞭解的正是這種記憶得以存在、流傳的歷史情境。

傳說、歷史、「歷史」三者的關係，在時間的動態中，三者相互動態影響下，形成卑南王，可發現集合在當代的敘述即包含此三種領袖特色，如：《臺東縣史人物篇》〔註42〕也同時收入在《臺東南王社區發展史》，所描寫的卑南大王比那賴（PinaDai、PinaLai）如下：

> 比那賴（PinaDai、PinaLai），也記作卑那拉，約清乾隆、嘉慶年間
> 人。父親是加六賽，包都如（Kurasai、Kulasai，也記作庫拉賽.Vodor、
> Pauduru），屬卑南社拉拉（Ra'ra'）氏族，是卑南社第十七代大頭
> 目；母親是太麻里 TavoaLi 社的西洛姑（Sirugo）比那賴成年後，
> 以進入婚（musabak，漢人稱入贅婚）方式，進入屏東平埔族馬卡
> 道族（Makatao）的大木連（Tavolia）部落（今水底寮），設商號並
> 從事貿易；同時在枋寮、潮州一帶，學習漢人的農耕及相關技術。
> 之後，將犁（kankan）、無蓋大木桶（paetang）、有蓋大木桶（Siukiu）
> 石磨（ailangan）等器物及技術，引進卑南社。除改善部落的農耕
> 技術及生活外，這些技術的優先使用，決定了今後卑南社取得區域

〔註40〕衛惠林、余錦泉、林衡立（原修）：《臺灣省通志卷八同胄志第七冊魯凱族排灣族卑南族篇》（臺中：臺灣省文獻委員會，1972 年），頁 378～380。陳文德：《臺東縣史卑南族篇》，頁 70～71。

〔註41〕姜祝山、孫民英、林娜鈴撰文：《臺東南王社區發展史》，頁 72。

〔註42〕姜祝山：〈比那賴〉，王河盛等纂修：《臺東縣史人物篇》，頁 38～39。

領導地位的優先權。清代的卑南族，是官方信賴的對象。卑南覓大土官文結（VumgkiaT），曾協助肅清朱一貴事件餘黨；加六賽則號令後山七十二社，協助平定林爽文之亂。乾隆 53 年（1788）6 月，福康安奏准將林爽文事件中有功「番」社頭目帶往京中陛見，以為寵榮。……。據說，加六賽當時年老體弱，恐經不起長途跋涉，所以派正值壯年，在枋寮經商的兒子比那賴代替前往。……此行，更強化了卑南社在臺灣東南部的領導地位，此後勢力愈望益著，至比那賴執政時期大盛，「卑南王」稱號也就不脛而走。「卑南王」記載，最早出現於明治 29 年（1896）陳英的《臺東誌》；幣原坦〈卑南大王〉所述的盛況，也略與比那賴同時。卑南社成為支配後山七十二社的總社，範圍自臺東平原起，北方達到玉里以南的大庄、新開園，東海岸的掃別（今長濱鄉竹湖村），南方則到大武及鄰近部落。在這個區域內，卑南社擁有收租權，每年向居住在此範圍內的部落，徵收貢賦或貢租（Disin）比那賴代父上京、受封回臺後，娶水底寮漢女陳珠仔（或記為陳素仔，卑南人給名 SaLaLui）為妻，生育一女西洛姑（シログ，襲祖母名），後來成為卑南族第十九代大頭目。

描寫卑南王各種功績內容，即包含了部落領袖形式：

1. 政治與軍事領袖—Ayawan：協助肅清朱一貴事件餘黨，卑南社成為支配後山七十二社的總社。

2. 農耕祭儀領袖—Rahan：學習漢人的農耕及相關技術，改善部落的農耕技術及生活。

3. 徵收貢賦或貢租。

以歷史的長河而言，幾乎可確定，不可能為同一個「卑南王」所為。

世界上許多民族的早期歷史，在沒有文字的記載之下，或多或少都是由從祖先靠口傳記憶流傳下來的「故事」所組成。尤其是很多歷史人物的傳說故事，在被書面文字記載下來以前，主要依靠民間的口耳相傳。人們對於所謂「歷史」的記錄方式，大致經歷了「口傳—記事—敘事」三個歷程，由「口傳」到「敘事」，實是一個由官方記錄而民間創造、編纂，由簡而繁的過程。〔註43〕任何所謂「歷史」的記載本來即有其侷限性，相關敘事在流播的過程

〔註43〕一般認為，在人類歷史記錄的第一個時期，只有「口傳」，多屬「傳說故事」型

中，往往會為使其內容更符合社會群體的期待，因而調節其中的人物形象與情節。卑南族人以層積的記憶方式描寫「卑南王」，許多真實的「功績」集合在「他」身上，透過記憶的選擇，構建了關於屬於卑南族人心中的「英雄」，「英雄」角色的功能，包含了部落政治與軍事功能、農耕祭儀功能，對外徵收貢賦，光榮的史蹟讓族人津津樂道，進而凝聚民族的認同感，也形塑「卑南王」成為英雄人物。

第二節　當代言說中的卑南王

　　傳說是口頭藝術，離不開想像和虛構。人們在講述中，不一定深究歷史事實的原貌，主要的是把自己對歷史的認識、評價、愛憎、期望編織進傳說中，有時甚至把具有更廣泛意義的歷史，附會在某個歷史事件或人物身上。如眾多的帝王傳說、清官傳說、文人傳說、工匠傳說等等。傳說的歷史真實性，不在於歷史記載的準確無誤，在於真實地記錄和反映民眾的歷史情感。歷史本質的真實，常比歷史事實本身更有征服力。傳說，雖然不是真人真事的實錄，但卻真實地反映人民矛盾，體現了人民的感情和願望。傳說可一代一代流傳，是因為人民對這些傳說的感受，不在歷史細節的真實，是從傳說的總體精神上去把握、去接受的。〔註44〕

　　當代民間稱為「卑南王」，不是傳說中受封「龍袍」，也不是一統七十二社的「卑南王」，人們以其選擇的歷史記憶，投射在其形塑的主人公上，讓卑南王於民間繼續流傳。作家李敏勇認為：「歷史小說是文學語言藝術形式之一，但歷史小說能提供國民文化人格的形塑，對臺灣歷史的重建更具重大效益與意義。」〔註45〕文學作者創作的「卑南王」歷史小說虛實相生，真實生活中的卑南王敘事也伴隨著虛虛實實，但它能夠使讀者增加對過往土地所發生的一切，有了一定的瞭解與認識，進而產生對整個民族社會的認同。

態；進入第二個時期，出現「口傳」與「記事」並存；到了第三個時期，則是口傳、記事、敘事三足鼎立。相關討論詳參錢茂偉：〈由記事而敘事：中國早期史學的文本化歷程〉，《東吳歷史學報》第14期（2005年12月），頁141～172。
〔註44〕李惠方：《中國民間文學》（武漢：武漢大學出版社，1999年），頁122～124。
〔註45〕參見楊媛婷，〈〈臺灣歷史小說獎〉李敏勇：歷史小說是臺灣文化工程重要一環〉收入於「自由時報」，http://news.ltn.com.tw/news/supplement/paper/1014997（2016/07/30點閱）。

一、卑南女王：陳達達（Taʔtaʔ）

陳達達，1864 年（清同治 3 年）生於卑南社。母 Sirugu（西洛姑；西魯牛），父為布農族人。達達生性活潑，加上受曾祖母姑仔老（Kulalrau）、繼父陳安生的影響，巾幗不讓鬚眉；結識並嫁給臺東州總通事張新才（張義春）。〔註46〕臺東縣史人物篇「卑南王之稱的頭目陳達達」、「總督特別召見卑南社「女傑」達達」為其作傳記。〔註47〕

1895 年，中日簽署馬關條約，臺灣割讓日本。割讓之初各地臺灣民眾反抗，不久，臺灣西部即全部淪陷，只餘東部尚未平服，當時的臺東州尚餘後山清軍統領副將劉德杓，率部眾千餘人集中於新開園拒守。在豬朥束社頭目潘文杰斡旋下，日本說服卑南社頭目陳達達、馬蘭社頭目谷拉斯・馬亨亨（Kolas Mahengheng）等部落領袖的歸順，訂立互不侵犯的承諾後，開始準備東部征討。

1896 年（明治 29 年）5 月，日人攻打堅守新開園的劉德杓殘部，要求馬蘭社及卑南社出兵先戰。卑南社出兵 174 人，其中 50 名為先鋒隊，於 5 月 21 日由姑仔老（Kulalrau）等人率領駐防大埔庄。另 124 人為主隊，於 5 月 22 日由陳達達率領駐防雷公火社並督戰陣。日軍主力登陸寶桑後，隨即開往新開園，劉德杓不敵遁走。1900 年（明治 33 年），臺灣總督府賞勳局表揚陳達達，以助日軍迎戰清軍劉德杓部之功，發給獎金 40 圓。1907 年（明治 40 年），臺灣總督佐久間左馬太來卑南主持卑南圳通水式，儀式後舉辦宴會，總督特別召見卑南社陳達達，賜金 10 圓。可見日軍對卑南社陳達達的重視。這段歷史民間傳說達達那日是騎著白馬，率領卑南社的青年和長老們一起到臺東街海岸，因而使卑南八個部落，免於征戰之苦。

> 因此當日軍決定要在臺東登陸，並派遣一傳令尊始到卑南社，通知日軍的行動後，taʔtaʔ為保留卑南族根基，衡量當時情勢，遂決定率部落居民，至海岸迎接日軍登陸。卑南族八個部落，遂得免於兵之苦，保留下卑南族的生機命脈。〔註48〕

姑仔老父名林貴、母名 Galayagai。林貴是 Uredang 和漢人鄭尚的長子，是創立公館家族的卑南社第 21 代（荷蘭算起第 13 代）大頭目。姑仔老因此成

〔註46〕姜祝山：〈陳達達〉，王河盛等纂修：《臺東縣史・人物篇》，頁 53～54。
〔註47〕姜祝山：〈陳達達〉，頁 53～54。
〔註48〕宋龍生：《卑南族神話傳說故事集：南王祖先的話》，頁 103。

為卑南社第 22 代大頭目，創立了 Masikadr 家族。1886～1895 年這段時間，姑仔老正值青壯。清廷雖然設立了臺東直隸州，經歷了大庄事件，並且對後山清賦完成，但對各番社仍然鞭長莫及。卑南社對大部分番社仍保有自荷蘭時代開始的領主權，每年向各部落徵收貢租（drisin），但也要為各部落服務，姑仔老這位大頭目，也依然承襲了，常被以「末代卑南王」稱之。〔註49〕

　　不同於「末代卑南王」，宋龍生在南王村的報導人稱西洛姑（Sirogo）和陳達達是最後二位女王。傑出的「女」領袖，文學作家巴代《最後的女王》〔註50〕以「一代女王」稱之，小說中的「女王」即意指臺東平原、花東縱谷以北的聯盟霸主，是八社番的女王，是 Puma 社的領導氏族拉赫拉正統血脈，更是該氏族的榮耀象徵。至於「最後」一詞，則描寫外來勢力入侵的莫可阻遏，內部紛爭又需要維持勢力，外憂內患，道盡當時的形勢複雜，部落生存岌岌可危。巴代型塑之卑南女王如英雄般的呈現在過去的歷史上，在面對大批日軍登岸時，陳達達以「即使是最後的女王，我也要在見祖宗前顯耀拉赫拉氏族。」的氣魄面對族人。

　　巴代（1962 年－）卑南族作家，漢名林二郎，臺東縣卑南鄉 Damalagaw 部落（大巴六九部落／泰安村）人。國立臺南大學臺灣文化研究所碩士，碩士論文《以大巴六九部落的實踐經驗芻建卑南族巫術的理論》。〔註51〕巴代「以小說寫史」是創作卑南族群小說的核心理念，小說強調在歷史事件、文化背景中，奪回族群的詮釋權。企圖以「我族」的文化觀點，詮釋被「異族」扭曲或誤解的文化內涵，再重現部落的真實生活，去除「他者化」、「污名化」的標籤，呈現部落角度，為原住民族的主體性發聲。〔註52〕

　　《最後的女王》藉由清末日至初期的陳達達，以呈現在眾多部落爭雄、動盪不安的卑南平原上，外有帝國勢力的威脅、內有氏族的興衰榮辱，女王陳達達如何帶領族人平安轉換政權，以凸顯呈現卑南族的歷史位置：

　　　　十九世紀下半葉，東臺灣傳統的區域霸權「八社番」（今日的卑南族）的「彪馬社」，相隔十年發生兩次天花瘟疫肆虐，使得力量由

〔註49〕姜祝山：〈姑仔老〉，頁 40～41。

〔註50〕巴代：《最後的女王》（臺北市：印刻文學出版社，2015 年 7 月）。

〔註51〕林二郎：〈以大巴六九部落的實踐經驗芻建卑南族巫術的理論〉（國立臺南大學臺灣文化研究所碩士論文，2005 年）。

〔註52〕林依萱：〈巴代《最後的女王》研究〉（屏東：國立屏東大學中國語文學系碩士論文，2018 年）。

鼎盛榮耀而後極速衰敗；另一個同是「八社番」成員的「呂家望」
社，卻掌握機運極速與悄悄的趁勢崛起，與平原北方的花東縱谷內，
十數個由西部「西拉雅」、「馬卡道」等平埔族移民的聚落，建立了
相當的同盟情誼，勢力早已凌駕於彪馬社之上；而聚集在「寶桑庄」
（今卑南溪出海口南岸的臺東市寶桑里北側）的漢人移民，在彪馬
社為了農業發展，而由西部引進當時的「番產」交易商鄭尚之後，
日漸成型為一個近百戶的農、商聚落。〔註53〕

小說時空坐落在 1886 年到 1896 年的卑南社。以宋朝著名抗金女英雄「梁紅
玉」譬喻陳達達，在相同的時空背景下，在同一時期漢人社會，不可能出現的
「女王」，卻在當時的卑南平原上居領袖之位：

1874 年，雄霸東臺灣的番社「彪馬社」天花瘟疫肆虐，政經的困境、
文化的衝突，因而力量由鼎盛走向衰敗。甫從母親西露姑接收番社
治理權的女王達達，面臨了讓番社重返光榮的重責大任。達達先是
藉由與漢人聯姻穩住情勢，更以夫家張新才的財力和影響力，掌握
住卑南覓平原形勢。之後與日本合作，率「彪馬」及「馬蘭」聯軍，
在關山擊潰清軍在東臺灣最後有組織的軍隊，為自己的氏族與「彪
馬社」重新取得卑南覓平原的發聲權，臺灣歷史僅見的女王率兵征
伐的故事。〔註54〕

因外來勢力的入侵，對原本握有地方權勢的彪馬社 Puma 造成種種衝擊，女王
陳達達捨下個人情愛，努力挽回部落，在重重威脅與挑戰中，穩固氏族勢力與
部落的領導地位。陳達達所呈現的英雄氣概，一如作者所言：「我寫了一個不
為常人所知曉的卑南族歷史人物與故事，不自覺地想形塑與成就一個卑南族
的「梁紅玉」女英雄⋯⋯」。〔註55〕

二、和平使者：馬智禮頭目（Matreli）

馬智禮（Matreli，或譯馬得里，1887 年～1966 年 10 月 20 日），臺東初
鹿社頭目；他在頭目任內結束與延平鄉布農族，近二百年為狩獵區的敵對狀

〔註53〕巴代：《最後的女王》（新北市：刻印文學生活雜誌出版，2015 年），封底介紹
　　　　文字。
〔註54〕巴代：《最後的女王》，頁 33。
〔註55〕巴代：《最後的女王》，作者後記文字。

態，被稱為和平的史者〔註56〕，1947 年二二八事件中，阻遏警民間的衝突，〔註57〕加上在族內表現出類拔萃，傳說創下狩獵 13 隻雲豹的紀錄，獲得推崇為「卑南王」。〔註58〕

馬智禮 4 歲時隨父親朱來盛從福建來台避難，輾轉至後山臺東，父親朱來盛最初入贅於利嘉頭目家，後來曾到北絲鬮（今之初鹿）為魯托 Ruto 收養，因而改名馬智禮；〔註59〕從小在卑南部落長大，獲部落長老賞識。之後進入臺東縣國語傳習所卑南分校接受日式教育，畢業後考入臺東廳警務課擔任通譯，並接受簡易警察訓練教育，派任里壠支廳（關山）應事。〔註60〕相傳馬智禮極具語言天分，日語、河洛語、卑南語及阿美族語都通達，也學通布農族及排灣族、魯凱族語，是當時的優秀青年。日治臺灣後大力開發東部，馬智禮承攬了鐵路及移民村工程，也養牛置產，累積不少財富。〔註61〕25 歲贅入初鹿社頭目家，28 歲時被推舉擔任初鹿社頭目，接替岳父的頭目地位，從此辭去警察工作，專心領導族內事務。

在 1935 年之前，日本政府都默許馬智禮所屬部族收貢租，北達花蓮富里，南抵初鹿。臺灣總督府臺東廳頒布的「有關臺東廳槍械彈藥供應管理辦法」中，還讓卑南族可擁有槍械並隨時供應彈藥，以牽制布農族。初鹿是臺東平原進入花東縱谷的必經孔道，日人稱為「縱谷通孔」。馬智禮繼承初鹿社頭目地位，更成為日本政府倚重的蕃社頭目。〔註62〕日本政府並支持 Matreli 經營公賣部，讓他擔任第一回臺東郡卑南莊官派協議員（鄉民代表）〔註63〕。協議會為日治時期 1920 年～1935 年間，臺灣地方議會總稱。協議會所屬議員或代議士全部為官派，並多以商人、在台日人為主。可見馬智禮當時受日

〔註56〕中央社記者盧太城：〈族群和平的實踐者卑南族大頭目馬智禮〉，大紀元 10 月 23 日報導。http://www.epochtimes.com/b5/6/10/23/n1495951.htm。

〔註57〕張躍贏：〈228 中的八大寇蔣介石送他一座山永遠的大頭目：馬智禮〉，《新新聞周刊》第 1043 期（2007-02-27）。

〔註58〕中央社記者盧太城：〈族群和平的實踐者卑南族大頭目馬智禮〉，大紀元 10 月 23 日報導。http://www.epochtimes.com/b5/6/10/23/n1495951.htm。

〔註59〕宋龍生：《臺灣原住民史卑南族史篇》，頁 353。

〔註60〕趙川明撰：〈馬智禮〉，收錄於王河盛等纂修：《臺東縣史・人物篇》，頁 210～211。

〔註61〕二二八事件被總統賜地立名。王河盛等纂修：《臺東縣史人物篇》，頁 210。

〔註62〕張躍贏：〈228 中的八大寇蔣介石送他一座山永遠的大頭目：馬智禮〉，《新新聞周刊》第 1043 期（2007-02-27）。

〔註63〕陳文德：〈民族誌與歷史研究的對話：以「卑南族」形成與發展的探討為例〉，《臺大文史哲學報》，第 59 期（2003 年），頁 158。

人重視之程度。

　　初鹿原名北絲鬮，昭和 12 年（1937）改稱近音的「初鹿」。日治時代，日人在離當地稍往北之處規劃成部落，把住在 Pikipikyu 的居民遷移過去，因為周圍都是山，有阻擋隱蔽的作用，卑南語叫 muLybek，所以卑南語稱初鹿為 muLybeLybek，因此而得名。〔註64〕pashikau（北絲鬮）為漢人所說之名稱，也被稱為 paHaliwan，意即「休息的地方」。日治時期不但是南來北往的要道，也是生意貿易的據點。相傳道光年間，原居臺南與屏東的西拉雅族遷移到今日富里一帶，他們以和親或向卑南覓社繳納租稅，慢慢地建立聚落並且趕走鄰近的阿美族人。後來人數漸多，加上與布農族的密切互動，不但使布農族巒社群得以越過拉庫拉庫溪繼續南下，也迫使居住於鹿野一帶的部份北絲鬮社人往南遷徙。初鹿的卑南族人與鄰近的布農族人，彼此間殺戮不斷，主要都是為獵場的爭奪，常有集體廝殺及個別的突襲行動。族人至今都還有兩族人為爭奪獵場殺戮的口傳：

> 那裡住著卑南族人及一些阿美族人，那裡也有阿美族人的祖靈屋，有一晚，父親把孩子扛在肩上很高興地到初鹿玩，要回家時，剛好一對布農族人父子，也經過初鹿橋。兩對父子相對峙，布農族人先開槍，卑南族的那位父親看到火光馬上把孩子推到旁邊，父親又順著火光回擊，打到了那位布農族的父親，後來卑南族父子回到初鹿通報，巴拉冠派了一群年青人去追擊，他們順著血滴去找布農族人。布農族的父親受重傷，告訴孩子說：「我走不動了，卑南族人一會追過來砍我的人頭。你躲在樹上不要出聲，一直到他們把我的人頭取走後再回家。」〔註65〕

　　甚至現今初鹿部落地名 tratrepu'an 意義，即為族群被滅絕的地方，族人傳說是布農族至初鹿出草，將一家人全部殺光之地。

〔註64〕陳光榮、林豪勳：《卑南族神話故事集錦》（臺東：臺東縣立文化中心，1994年），頁 37。

〔註65〕巴蘭遺址現地虛擬展示，臺灣原住民族數位博物館，初鹿部落地圖初鹿部落傳統地名 http://pailan.dmtip.gov.tw/Chu_Lu/in/Chu_Lu01_ain.html。部落耆老林萬全先生說日據時代，日本人提議初鹿及紅葉部落互訪以表友好，經由馬智禮先生的牽線，兩部落互訪，當時一位七十多歲的紅葉部落人對著初鹿人說：「多年前，你們在初鹿後山砍走的人頭，正是我父親，而我一直躲再樹上因而親眼目睹一切。」而當時林萬全先生 18 歲也是互訪代表之一，他現在 80 多歲而且是初鹿部落的拉漢，這個故事經他紕漏才傳開的。

　　有兩個兄弟，弟弟是個啞吧，他們和一些人家一起住在那裡，有一
天弟弟察覺有布農族人要砍人頭，於是趕緊通知哥哥回初鹿，哥哥
聽不懂他在說什麼，弟弟只是一直說 kakekpu，kakepu，哥哥實在聽
不懂所以也就不理會弟弟。弟弟擔心哥哥的安危所以一直躲起來觀
察。當晚果然真的有布農族人下來砍人頭，那裡的住戶連同哥哥無
一倖免，死狀奇慘。弟弟趕快跑回初鹿通報族人，但是族人也是聽
不懂弟弟一直說 kakepu，kakepu 是什麼意思，後來才弄懂，從此那
裡就被稱為 tratrepu'an。〔註66〕

可見當時兩族之殺戮爭戰慘烈。

　　光緒 22 年（1896）日軍乘艦登陸卑南，結合卑南族、阿美族「義勇隊」
與劉部互戰。日本治臺時期，治理原住民反抗的策略是分化熟蕃、生蕃，再
予以各個擊破。由於日軍的武器優勢，原住民族最後也只能投降歸順。最早
歸順的卑南族、阿美族，日軍因而曾以其聯合對抗布農族。布農族為臺灣原
住民族中最驃悍的一支，抗日行動也最為持久。日本政府曾在 1919 年、1922
年分別在大南分駐所、臺東廳要求兩族和解，但都功虧一簣。1932 年日本總
督府頒布「全台高砂族集體移住十年計畫」，里壠支廳首先將大小鬼湖區域內
本鹿布農族人強制遷徙至鹿野高台附近建立幾個新的聚落，臺東廳長大磐誠
三及警務課淺野義雄要求馬智禮協助，防止卑南族與布農族在此時持續近百
年的相互仇殺。當時，馬智禮與南志信交換意見後，體認與抗拒造成族群重
大傷亡，不如提前規劃主動執行，為自己族群取得最大發聲權。馬智禮首先
拜訪在布農族的通事，分析日本政府強勢的理蕃政策，邀請多位通事協助處
理，將鹿野高台獵場讓出給布農族，共享獵場以謀求兩族和平共存，同時下
令族人，今後不得再殺布農族人。最後由馬智禮主導，讓出鹿鳴溪以北的北
絲鬮（今桃源村）的核心位置，轉而將部落集中收縮到現今的初鹿。他率領
族內青年前往大關山、能高山及內本鹿的各布農族社群，以布農族語及日語
向各社群溝通，指出過去雙方的馘首都是過去的錯，還送上食鹽、布匹以示
誠意。初期，布農族仍懷疑是卑南族串通日人之陰謀，但在通事居間協調，
終陸續下山歸順，接受集體移住安排。為了讓兩族的心結芥蒂徹底化解，馬
智禮與布農族バカス社頭目拉扶第吉斯歃血為盟、互結金蘭。1939 年 8 月，

〔註66〕巴蘭遺址現地虛擬展示，臺灣原住民族數位博物館，初鹿部落地圖初鹿部落
　　　　傳統地名 http://pailan.dmtip.gov.tw/Chu_Lu/in/Chu_Lu01_ain.html。

Matreli 率族內長老前往紅葉部落，在日本官員的見證下結為兄弟。這項簽署也間接化解日本政府和布農族間的衝突。〔註67〕

　　1947 年二二八事件爆發，很快延燒至臺東。依據二二八事件紀念基金會記載：為響應二二八事件處理委員會之決議，地方民意代表、士紳及有力人士等，分別在臺東、關山、新港等地組成處理委員會，臺東處委會推舉參議會議長陳振宗、國大代表南志信二人為主任委員，下設副主任委員七人及指揮、宣傳、治安等十一部。負責治安的隊伍曾出面接受警察局、憲兵駐軍之武器，僅清點並未攜出，仍存放原單位，隊員們只是協助留守的台籍警察維持治安。因此二二八事件期間，臺東各地大致平靜。

　　1947 年 3 月 4 日，擔任副主委馬智禮，將國民政府來台官派首任臺東縣長謝真，及外省官員、眷屬近兩百人，漏夜載至初鹿後山保護，6 日以後，秩序已恢復。9 日，處委會代表八人至縣長避居地延平鄉紅葉村，呈送連署函請縣長回縣府。11 日，縣長返回卑南鄉設臨時辦公處。3 月 14 日馬智禮陪同縣長返回縣府，亂事宣告平定。〔註68〕26 日，在臺北賓館會見臺東縣維護和平者，有馬智禮、南志信、陳振宗、鄭品聰、謝真等人。〔註69〕之後馬智禮陪同白崇禧巡迴臺灣宣慰達 7 次之多，並應白崇禧部長之請往返臺東屏東山地多次，安撫原住民部落。同年，5 月 18 日，臺東縣府要求馬智禮，在初鹿召開全縣高山同胞頭目會議，百餘位頭目出席以表達支持政府，該會議也奠定馬智禮在原住民社群共主之地位。次日在臺東縣二二八事件唯一被殺者、被排灣族所射殺的外省教師歐陽朝祐追悼會上，謝真再次公開感謝馬智禮。〔註70〕

　　2016 年馬智禮逝世 50 週年紀念系列活動，各家媒體以「戰爭需要勇氣，但追求和平則必須有智慧」，推崇馬智禮頭目締造和平的智慧〔註71〕：

〔註67〕 陳賢義：〈卑南雲豹王冠委賣恐落外人手〉，《自由時報》2006-10-25。網址 http://news.ltn.com.tw/news/life/paper/98820。

〔註68〕 〈二二八事件介紹各區重大事件臺東區〉，《財團法人二二八事件紀念基金會》，網址 http://www.228.org.tw/228_importantevent_taitung.html。

〔註69〕 白先勇，廖彥博：《止痛療傷：白崇禧將軍與二二八》，頁 111。

〔註70〕 鄭景雯：〈白崇禧與二二八紀錄片還原真相〉，臺北市：中央通訊社，2015-05-31。網址 https://web.archive.org/web/20150924003924/http://www.cna.com.tw/Views/Page/Search/hydetailws.aspx?qid=2015。

〔註71〕 馬智禮逝世 50 週年紀念系列活動於 105 年 10 月 29 日舉行。資料來源：臺東縣政府新聞傳播科新聞稿。網址 http://www.taitung.gov.tw/Personnel/News_

臺東卻有一位同樣也是保護縣長卻被總統賜地立名的卑南族頭目馬
智禮，與布農族合作避免流血衝突的他，讓臺東縣沒有任何一位人
士因為 228 事件而被槍斃，帶大家來認識這位用智慧化解流血衝突
的卑南族頭目。

媒體以臺灣歷史上：「不具原住民血統，卻活出原住民典範，歷經清朝、日本、
國民政府，臺灣三個殖民時代，平息族群殺戮蔓延，阻擋屠殺侵入東台，縱橫
山林、異族為盟，終結上百仇恨。」〔註72〕來形容馬智禮，敘述具體指出：

1. 歷經政治權更替。

2. 與異族為盟。

3. 阻止殺戮，平和轉換。

4. 創造族人最大權益。

馬智禮的生平的故事彷彿回到：卑南社初遇見荷蘭東印公司，清廷開山撫
番時期，日人登陸東臺階段，卑南社的最具勢力之領袖「卑南王」，帶領族人
一一化解，獲得卑南族八社推崇為「卑南王」。

三、突破族群藩籬：縣長陳建年

陳建年（1947 年 10 月 10 日～），卑南族人，出生於臺灣臺東縣。陳建
年為家中次子，在父親去世後，在母親撫養下長大。陳建年的父親陳耕元（日
文名上松耕一），曾就讀嘉義農林學校時擔任嘉義農林棒球隊游擊手。昭和
六年（1931 年）赴日本參加第 17 回夏季甲子園大會，獲得準優勝（亞軍）。
昭和十九年（1944 年）與來自嘉義的千金小姐蔡昭昭結婚，一時轟動全台。
戰後陳耕元出任臺東農校校長。〔註73〕1981 年，陳建年首度參選第十屆臺
東縣縣議員並且當選。之後連任第十一屆臺東縣縣議員。1985 年，參選第八
屆臺灣省議員當選。1989 年，連任第九屆省議員。1993 年挑戰參選臺東縣
長，當選第 12 屆臺東縣長，成為臺灣地方自治史上，第一位原住民籍的民選
縣長，後又於 1997 年競選連任成功，在任共八年時間。卸任縣長後於 2002 年

　　　　Content.aspx?n=E4FA0485B2A5071E&sms=E13057BB37942D3F&s=BD78C1E
　　　　A5937C1CA。

〔註72〕未著撰人：〈終結仇恨的典範馬智禮〉，《現在那時候》：原民電視台，105 年 10
　　　　月 29 日。網址 https : /Matelihttps://www.youtube.com/watch?v=uopimnx2iX0。

〔註73〕張躍贏：〈突破族群藩籬的原住民標竿〉，月旦編譯中心編：《臺灣政壇明日之
　　　　星》（臺北市：月旦出版，1993 年），219 頁。

至 2005 年間擔任中華民國原住民族委員會主委。選舉競選期間，媒體將他稱之為「卑南王」。

臺東縣是臺灣面積第三大縣，南北跨距長、還兼有綠島與蘭嶼兩個離島島。1993 年，臺東縣縣長的選舉，從選舉人口結構來看，境內六個山地族群佔總人口數（約 25 萬人）的三分之一弱（約 7 萬 8 千人），但因人口外流而僅佔選票中的四分之一（總票數約 10 萬票，山地族群佔 2 萬 5 千票左右），因此，誰能積極突破「原漢情結」與省籍藩籬，誰就能入主臺東縣政府。1993 年 11 月 27 日，卑南族人陳建年突破「族群障礙」，當選中華民國行憲後第十二屆縣長，亦是行憲民選以後，第一位當選之原住民縣長。〔註74〕

臺灣地方自治實施四十餘年來，第一位「原住民」縣長誕生在原住民人口佔三分之一的臺東。學者孫大川認為：「卑南族雖然人少，陳建年可以選上縣長，是因有強韌的生命力和旺盛的創造力。」〔註75〕陳建年過往參與「平地山胞」縣議員與省議員的競選時，九個山地族群是陳建年的唯一票源。陳建年分析自己在部落選舉中，「爭取選票的主力，在於親族串聯及部落與部落間的聯繫」，也不諱言歷次選舉皆會面對族群色彩的挑戰。以往參與「平地山胞」的選舉，有人質疑他只有二分之一的卑南族血統，在初期因而並不認同他：

> 提名籍屬卑南族的現任省議員陳建年為國民黨臺東縣縣長候選人，在意外聲中，讓人耳目一新，使人覺得在李登輝領導下的國民黨正全力化解日趨緊繃僵固的族群關係，援用任命宋楚瑜為省主席的手法，透過人事安排的管道彰顯決心，要改善臺灣有史以來一向最不平等的「漢番關係」。而輿論界更指出這一連串擢拔原住民人才之舉，係為臺灣重返聯合國運動的一環，用以積極回應一九九三國際原」住民年，旨在爭取國際好感。不論此一平最主要的目的為何，對許多原住民同胞而言，確實激起了突破族群限圍的舒暢感，更勾起了一向在機緣與資源上常感壓抑的原著民，燃起了希望與雄心。〔註76〕

至 1993 年地方百里侯大選，陳建年囊括逾六成八的選票，創下臺東縣

〔註74〕薛文瑜：〈突破「原漢情結」的陳建年〉，《臺灣光華雜誌》1994 年 1 月。

〔註75〕孫大川：〈學，效也—「卑南學」的根源及其展開〉，《原住民族文獻》第 18 期（2014 年 12 月 10 日），頁 3。

〔註76〕薛文瑜：〈突破「原漢情結」的陳建年〉，《臺灣光華雜誌》1994 年 1 月。

歷來縣長的最高得票率。在五年縣議員、七年省議員任內，陳建年的服務熱誠與問政能力，得到縣民的普遍認同。1993 年，參選縣長政見首打「族群融合」，有人問陳建年：「如何促進『原住民』與漢人間的族群融合？」有二分之一卑南血統的陳建年笑說：「我家兩代已是族群融合的象徵。」「族群融合」的精神與理念早在 1981 年 1 月 12 日，他和楊仁福、翁文德、李文來三位，向省府主席邱創煥建議吳鳳廟改名為「和平紀念館」，〔註77〕即已埋下伏筆。

　　1997 年選舉連任縣長期間，臺東縣平地社會普遍流傳著「咱們不需要給番仔管」的耳語。為了鞏固漢人社會的票源，文宣部門經陳建年的首肯，採取「淡化族群色彩」的策略。〔註78〕臺灣地方自治實施四十餘年來，第一位「原住民」縣長，是選戰沙場的老將，過去山地族群的支持，是他在政壇過關斬將的主因；1997 地方縣長的競選期間，為什麼他卻有意淡化自己的族群色彩？其實觀察參選政見，有端倪可見，陳建年二次的競選連任時的首條政見如下：

　　1993 年第一次參選政見：致力多元文化發展政策，促進族群融合，落實生命共同體的理念。〔註79〕

　　1997 年第二次參選政見：以「永續發展」、「地域活化」、「區域認同」、「族群共榮」為未來發展「環太平洋盆地的新明珠」為發展目標。〔註80〕

　　相較兩屆政見之不同，「促進族群融合」、改為「族群共榮」，換言之卑南族的縣長融入臺東縣，更大的宏圖願景是想帶動整個臺東的發展，不再僅侷限於當時的山地族群。政見中宏觀的將臺東重新定位，將臺東從臺灣的邊陲縣市重新定位成為「環太平洋盆地的新明珠」，以全球性的視野，不再侷限以臺灣為主體的發展趨勢。陳建年也曾表示，原住民當縣長很特殊，因而運用這樣的一個背景，籌辦「南島文化」系列活動，把全省原住民的族群都帶來臺東，進而變成臺灣外交的方法，運用「南島文化」來作為文化面、觀光面的結合推銷臺東：

〔註77〕未著撰人：〈吳鳳鄉改阿里山鄉吳鳳廟易名和平館邱主席說俟獲知真相再談〉，《聯合報》1989-01-13。

〔註78〕洪宗楷：《願景、地方治理與發展論述：近年臺東縣長區域發展政見分析》（臺東：國立臺東大學區域政策與發展研究所碩士論文，2007 年），頁 59～60。

〔註79〕陳建年擔任縣長候選人政見。臺灣省臺東縣第十二屆縣長選舉公報。（民國 82 年 11 月 27 日）

〔註80〕陳建年擔任縣長候選人政見。臺灣省臺東縣第十三屆縣長選舉公報。（民國 86 年 11 月 29 日）

南島文化節，我最滿意的是第一屆，因為剛開始我們有學術的探討，
而且剛開始，其實我有很長遠的理想，我要把臺東推銷到全省，結
合五十個山地鄉，我也辦了一個嘉年華會，把原住民的族群都帶來
臺東，也設計了好幾個活動，……我要把臺東推銷到全省以外，我
們要把這個舞台延伸到國際舞台上去，然後跟其他南島民族國家接
軌，……臺灣現在不是聯合國的會員國嘛！但是這個區塊可以去發
揮，然後先跟他們民間結合，然後有這個論壇之後，雖然這是 NGO，
但是我們可以找每一個國家的一些政治領袖，跟他較量較量，建立
起感情，那我們原住民也扮演了一個相當好的角色，甚至於這些原
住民將來可以當外交官，而臺灣就成為一個南島文化的重鎮。〔註81〕

　　卑南族裔孫大川指出，傳統部落社會的權力形成方式，或為世襲、或為
貴族推派，和現行政治制度截然不同，在參與選舉制度時，就難免適應不良。
「打壓『原住民』色彩，會使『原住民』朋友覺得被背叛；彰顯這種色彩呢？
就成了閩南社會攻擊的把柄！」〔註82〕，一語道破少數族群從政時，跨族群
爭取選票的兩難。歸根究底還是在一般人認為少數族群能力不足、較為落後。
這種偏見及刻板印象，間接造成少數族群從政時，跨族群爭取認同的困難。
卑南族一直都有人少，卻雄霸卑南平原，小「國」寡民卻創造輝煌歷史的紀
錄。媒體報導常會以「臺東王國的創造者」的封號。〔註83〕進入到民選政治
領袖時，一如「新新聞周刊」總主筆王杏慶所言：

放眼世界各地的少數族群，在跨越族群認同、爭取政治上的發言權
時，其過程之衝突與慘烈，遠超過臺灣的山地族群。在西方觀念
中，「多數統治」是天經地義的。以美國為例，少數族群在經濟、
社會上是全面的弱勢，二〇到四〇年代，少數族群（包括非裔、亞
裔、與拉丁美洲族裔）大量集中到都市，隱身於都市底層，為生計
奔波。至五、六〇年代，少數族群因人口集中、教育程度提高、經
濟力形成，爭取政治權益，才成為新的議題。其中，所有的抗爭，

〔註81〕洪宗楷：《願景、地方治理與發展論述：近年臺東縣長區域發展政見分析》，頁
　　　　59～60。
〔註82〕薛文瑜：〈突破「原漢情結」的陳建年〉，《臺灣光華雜誌》（1994 年 1 月）。網
　　　　路版　https://www.taiwan-panorama.com/Articles/Details?Guid=0e762bef-ec1d-
　　　　4ad8-a54c-c3e47e65c897&CatId=7。
〔註83〕洪英聖：《臺灣先住民腳印──十族文化傳奇》（臺北市：時報出版社，1993 年），
　　　　頁 196。

　　又以黑人為中心，而後亞裔及拉丁族裔跟進。撇開族群性格不談，
　　「大概是黑人佔美國總人口的十二％，說多不多、說少不少，可以
　　恰如其份地反應其驃悍」，反觀中國人先天的政治思考，則隱含著
　　「不明言的共和精神」，反映在政治員額的配置，便講求五族共和、
　　平均代表。因而少數族群在政治上總是佔有席次，但卻不一定能發
　　揮影響力。〔註84〕

　　談起少數族群從政與一般政治人物必備條件的差異，陳建年認為：

　　未從政前在自己崗位的學有專精、高知名度，與紮實的地方服務，
　　三者缺一不可。〔註85〕

換言之，家世背景是陳建年助力也可能是阻力，但最重要的還是長年在地方
上的扎根服務。陳建年任公職為民喉舌期間，累積豐沛的人脈，並以「要」
建設經費的犀利手腕著稱。臺東縣內的中華、利吉與巒山大橋，是臺東居民
津津樂道的主要交通建設，服務熱誠與問政能力，普遍得到縣民的認同。雖
為「平地山胞」選出的民意代表，但所服務的對象卻不限於原著民族群。一
如卑南社立碑描寫「卑南大王比那賴」，陳建年也如同卑南王突破族群的認
同，成為一統「七十二社」的縣長，所為民服務之累積，讓「卑南王」的聲
號不脛而走。

四、當代族人認同的卑南王

　　1905年後，仍有被稱為「卑南王」，觀察當代族人認同的卑南王有下列特
色：

1. 族群認同為「卑南族」人

　　馬智禮四歲時隨父親朱來盛從福建避難來台，先祖都是漢人，從小在卑
南部落長大，獲部落長老賞識。陳建年的父親為曾參加嘉農棒球隊進軍甲子
園的上松耕一（漢名陳耕元），母親為嘉義千金小姐蔡昭昭。後二位的血統並
非全然「卑南族」，但族群認同皆是卑南族，媒體強調族裔身分時，皆會提及
歷代先祖，從其父親或是從其祖父為頭目，本身的所擁有之歷史、語言與文
化所占重要地位。這樣的情節一如歷史上「卑南王」傳說為「平地人」，也有
說其先祖為拉赫拉氏族，或相傳來自海外，或為外來者等等，或是其有漢族

〔註84〕　薛文瑜：〈突破「原漢情結」的陳建年〉，《臺灣光華雜誌》1994年1月。
〔註85〕　薛文瑜：〈突破「原漢情結」的陳建年〉，《臺灣光華雜誌》1994年1月。

血統，都不影響其成為「卑南王」。「卑南王」具外來血統似乎也成為共通點，如：日治時期至光復初期頗為活躍的馬智禮（初鹿部落頭目），和歷史上陳安生相同，出身實為漢人；第一位原住民籍縣長陳建年，具漢人血統。但兩者都表現非凡。

2. 成為共推領導人

清代以來臺灣原住民族的聚落通稱為「社」後稱「莊」。聚落指的是人群聚居最小的單位，各社都有領導人，領導人的稱謂各自不同，最常被稱之為「頭目」、「酋長」。十七世紀以後，外來統治者常會在歸順的社群中選拔領導人，如荷蘭時代任命某些人為長老，賜與荷蘭東印度公司的權杖，象徵統治者的權力；清官方也會任命「土目」、「土官」，一直到日治時期亦然，臺灣總督府在各社群設立頭目、副頭目等職稱。1945 年 10 月 25 日，國民政府接收日本臺灣總督府轄區，於 1946 年 1 月 12 日設立臺東縣至今，縣長為縣的最高行政長官。

幾百年來，卑南族雖然受外來勢力的威脅，但總在政權交替時節能順利適應。如：荷蘭至東部採礦與卑南覓的住民有所接觸和合作，荷蘭人走後最具勢力的卑南覓社接管，勢力範圍北至關山、池上、廣澳、新港，南至大武一帶，即為當時所稱七十二社的範圍，族群上則包括現今的阿美族、排灣族人等。清初，鄭成功等人曾企圖至卑南覓地區採金礦，卻因卑南覓地區武功強盛而退。清末，日本說服卑南社頭目陳達達（Taʔtaʔ）、馬蘭社頭目谷拉斯·馬亨亨（Kolas Mahengheng）等部落領袖的歸順，訂立互不侵犯的承諾後。

三位在當代上被稱為「卑南王」，都有令民間朗朗上口的傑出事蹟，其情節彷彿如「一統七十二社」；卑南王在各政權交替時期，選擇平和的交替政權免去戰役。達達與姑拉老率勇士，拒阻清軍殘部劉德杓之回攻臺東，臺灣總督府賞勳局表揚陳達達迎戰清軍之功。馬智禮被推舉擔任初鹿社頭目，日本政府時期由他擔任第一回臺東郡卑南莊官派協議員，相當於現在的鄉民代表，要求馬智禮招撫延平的布農族。陳建年服務熱誠與問政能力，普遍得到縣民的認同，在原漢人口懸殊差距下，突破族群限制，成為第一位原住民縣長。三位傑出的領導人帶領下，當下都令族人感到驕傲，一如陳建年任縣長時曾表示：

> 臺東又被叫為後山，以前，臺東人提到後山還會有點自卑，但近幾年來，開始覺得有點驕傲。臺東最近在生活指標評比中，像是環境維護、

空氣污染方面等，都名列前茅，我們不必羨慕別人的好，努力經營自己的好就會更好。過去的輕東重西，反而讓我們保有好山好水，橫跨三萬年的舊石器時代的史前文化與三千年的新石器時代的文物被挖掘出來後，教育部花費近 40 億元成立東南亞第一大的史前博物館，將豐富的歷史文化與臺東的好山好水結合起來。臺東要發展觀光、遊憩、農業、體育產業，也希望以永續經營、讓地域活化、區域認同、族群共榮的四個目標，做為地方發展的指標。〔註86〕

也就是說，隨時代改變成為族人的領導者「卑南王」，與過往所擔負的責任不盡相同，誰能為族人創造最大利益者，就能成為人們心中的「王」。

3. 積極敘事者封「卑南王」

觀察陳達達、馬智禮、陳建年三位被稱為「卑南王」，積極的敘事者功不可沒。陳達達在《臺東縣史人物篇》以達達「生性活潑，加上受母（Sirugu）及繼父陳安生的影響，巾幗不讓鬚眉」，「總督特別召見卑南社「女傑」達達」未見有「女王」之稱，都未見被以「女王」稱之。作家巴代將陳達達以「最後的女王」訴求喚醒讀者，重新回憶這段幾盡被遺忘的歷史，他描繪了部落核心「拉赫拉氏族」的女性領導者陳達達，如何在重重威脅與挑戰中，穩固氏族勢力與部落的領導地位，也重新詮釋、擴充此一關鍵人物、時刻，於族群歷史的意義。這樣的訴求獲得廣大讀者的認同，認為寫出女兒情長，與身為「女王」委身漢人的曲折與心境轉換，也寫盡東臺灣的開墾進化過程，以及日人如何分進合擊取得東部統治權，讓讀者有親臨歷史現場的震憾，值得一讀再讀。〔註87〕

馬智禮生平的文獻並未有稱呼「卑南王」之記載，《臺東縣史》也未稱為卑南王，多稱為「和平的使者」。馬智禮逝世 50 週年時，與會者推崇馬智禮大智慧，除了在馬智禮的故居舉辦法會，祭拜馬頭目及其統領的勇士和各界殉難的英靈，另外在卑南遺址公園等地辦理座談會等活動，邀請作家白先勇其父白崇禧在 228 事件中和馬智禮相識，隔海傳送「和平的智慧」墨寶。晚間舉行「永遠的大頭目」紀念音樂會。詩人詹澈寫下一首詩〔註88〕，希望藉由馬智禮

〔註86〕 楊永妙：〈由地方厚植臺灣競爭力〉，《遠見雜誌》2001-08-01。

〔註87〕 馬翊航：〈女王的身體，部落的眼睛：讀巴代《最後的女王》〉，《原住民民族文獻》27 期（2016 年 6 月），https://ihc.apc.gov.tw/Journals.php?pid=636&id=942。

〔註88〕 臺東縣政府：新聞傳播科〈馬智禮逝世 50 週年紀念系列活動 29 日舉行與會者推崇馬智禮大智慧〉，105-10-29。http://www.taitung.gov.tw/Personnel/News_

的和平事蹟中，提供給紛擾的現今社會一點省思，尋找和平的出路：〔註89〕

> 我只能以一個漢族後裔的筆敘說你
>
> 與你的後代族人，站在山頂
>
> 唱著那新編的美麗的稻穗，它是
>
> 新時代的悲情與歡歌，對面山谷
>
> 布農族的八部音合唱，圍繞著篝火升高音階
>
> 共享的獵場，同樣的祭物，獻給天神
>
> 小米、玉米、地瓜、山蘇、蜂蜜與麻糬
>
> 在各種族的豐年祭中擺設，酬謝地神
>
> 看那魯凱族的鞦韆盪過了檳榔樹梢
>
> 阿美族的舞蹈在拉牽著白浪翻滾的海岸線
>
> 排灣族的百步蛇在鬼湖的岸邊停下來
>
> 白天與黑夜都靜寂下來，嚴肅傾聽；祖靈與
>
> 和平的使者，與你的後裔，以山海齊唱的歌聲
>
> 帶我們祈禱，我們不會再心存仇恨
>
> 不會，不會再有戰爭〔註90〕

透過一連串的活動，多家媒體記者如此敘述：

> 馬智禮的後裔馬來盛說，布農族在近代史上是一支剽悍無比，連日本
> 人都畏懼三分的民族，他的祖父馬智禮憑藉著智慧和勇氣，終於和布
> 農族化干戈為玉帛，這項成就，加上在族群內出類拔萃，創下狩獵十
> 三隻雲豹的紀錄，因此獲得卑南族八社推崇為「卑南王」。〔註91〕

Content.aspx?n=E4FA0485B2A5071E&sms=E13057BB37942D3F&s=BD78C1E
A5937C1CA。

〔註89〕 臺東縣政府：新聞傳播科〈馬智禮逝世 50 週年紀念系列活動 29 日舉行與會
者推崇馬智禮大智慧〉105 年 10 月 29 日。新聞網址 http://www.taitung.gov.tw/
Personnel/News_Content.aspx?n=E4FA0485B2A5071E&sms=E13057BB37942D
3F&s=BD78C1EA5937C1CA。

〔註90〕 2007 年 2 月，詹澈與導演侯孝賢、民歌手胡德夫，與馬智禮的孫子馬來盛，以
及卑南族、布農族的長老、臺東後山文化協會與臺東社會賢達等，在臺東初鹿
後山的一塊小空地上，舉辦馬智禮 120 歲冥誕獻祭儀式及 228 和平祈禱活動。
當時有感寫了此詩，後再整理定稿發表於 Facebook。詹澈：〈獻祭馬智禮〉詩刊
於 2017 年 11 月 20 日的聯合報副刊，副標題是「為有漢族血統的卑南族老頭
目。並分享詹澈的 Facebook。http://www.observer-taipei.com/article.php?id=1270。

〔註91〕 當日多家媒體報導分別有：中央社記者盧太城：〈族群和平的實踐者　卑南族大
頭目馬智禮〉、陳賢義：〈卑南雲豹王冠委賣恐落外人手〉，自由時報 2006-10-25。

其後裔透過當代媒體敘說這段故事，重新詮釋讓「和平的使者」馬智禮，稱為「卑南王」因而不逕而走。最有趣的是，活躍於政壇的前臺東縣縣長陳建年[註91]，私下常會被稱為「番王」或「卑南王」，且帶有雙重意義：

> 卑南族在東臺灣原住民中人數最少，人口僅有一萬人，但因智勇雙全，曾經威服其他部落，過去有所謂卑南王的封號。過去三十幾年來，在臺東縣也有四位擔任過臺東縣長。卑南族擅長協調，當今行政院原民會的主任委員陳建年就屬於卑南族。[註92]

有時「卑南王」也成為一種負面象徵，如：特別是在選舉敏感的時刻，「番王」或「卑南王」之名常會成為選舉炒作族群議題時應用的稱呼。[註93]敘事者刻意強調，「卑南王」是長期的東部治理者，形成治權「壟斷」，或是特意挑起族群意識。可見積極的敘事者因應環境的選擇表現，也讓「卑南王」意象符號多元。

第三節　族群意識形塑下的卑南王

從沒有文字的時代，卑南王從口傳，進入以文記載，再進而寫入歷史；隨著動態歷史發展，當代也以不同方式寫下卑南王傳說。其中有卑南族人也有非卑南族人。

一、各自表述的「卑南王」

影響卑南族音樂發展深遠的創作人陸森寶，創作〈卑南王〉歌曲，描寫祖先「Pinadray（卑那來）」，被讚頌引入拓墾與農耕方法，提升了族人的生活，冠上「王」的榮耀。

出生於臺東卑南社的陸森寶（1910～1988），卑南族名為 BaLiwakes。[註94]根據日人所留下來的戶籍資料，陸森寶的母親原名「ビイン」（biyin），

〔註91〕陳建年後轉任立法委員、行政院原住民族委員會第三任主任委員。

〔註92〕布農族的阿力曼侃侃而談。鄧銘、邱雅莉：〈原住民原鄉探訪之旅報導〉，2003/7/17，頁 45～54。同時刊登於網站 http://web.utaipei.edu.tw/~envir2/documents/envirpublic/52envirpublic/45-54%AD%EC%A6%ED%A5%C1%AD%EC.%B1%B4%B3X%A4%A7%AE%C8%B3%F8%BE%C9.pdf。

〔註93〕1997 年選舉期間，臺東縣平地社會普遍流傳著「咱們不需要給番仔管」的耳語。

〔註94〕孫大川：《跨時代傳說的部落音符：卑南族音樂靈魂陸森寶》，頁 14。

漢名羅美英，屬 tarulibak 氏族；父親原名「ダパス」（aredapas），漢名羅萬守，屬 raera 系統的「pakauyan」。他一生創作歌曲無數，歌曲以謹慎的態度考究歌詞意涵；不厭其煩地請教部落耆老及擅長傳統歌謠的胞姐，只為了要將傳統文化的精髓留給後輩子孫們。他的創作記述對於祖先土地的孺慕與敬仰，希望藉由歌曲的傳唱，族人可以永遠記得祖先的事蹟與恩澤。傳世的四、五十首歌謠作品當中，詞意的內容強烈表達他對土地、親族的真摯情感；有部落生活的描述、對於前線作戰的族內青年的祝福、虔誠的宗教禮讚以及歌頌族人賴以生存的土地山林等。〔註95〕

　　陸森寶很多創作的歌曲流傳到現在，有的跨出卑南部落，流行到其他的族群，甚至到漢人音樂界。1960 年代開始，錄音出版品變成一個流傳管道，陸森寶的歌常被灌成錄音出版品，尤其是幾首比較受歡迎的歌，甚至被改成不同的風格或語言〔註96〕。歌曲〈卑南王〉亦被在許多作品中被呈現。1992年 7 月，原舞者舞團於臺北市立社教館舉行第二季公演，以紀念卑南族民歌作家陸森寶為名，演出卑南族歌舞「懷念年祭」。〈penanwang 卑南王〉為當時其中一首曲目。這首為 1964 年陸森寶將西洋民謠〈老黑爵〉改編譜上詞（南王語），作成〈卑南王〉歌曲，描述受讚揚的「卑那來」，完成到西邊的開路，全歸功於祖公卑那來啊！教導族人如何農耕和插秧，族人按照他拉直線的方法插秧，直到對面的田埂，這是卑南王慣用的妙法。他又完成了開往西邊的道路，這我們按照他拉直線的方法插秧，直到對面的田埂，這是卑南王慣用的妙法。

　　　　na kinakuakua，na mutu'inga'i 那被稱述的，那成為傳說的；

　　　　na paLaLadam，na patakake si 那教導者，那傳授者；

　　　　Da wawumayan，Da sasaLeman；（教我們）耕田，（教我們）插秧；

　　　　amawu la i emu i pinaDai 他就是先祖比那來。

　　　　ta Dungulaw ta DaLiyaw mulepulepus 接續起來，貫穿起來，直到永遠，

　　　　tu kakuwayanan kanDi pinaDai.這是比那來樹立的傳統。

　　　　semekasekaD，mukiDayayan 達成，那西邊；

　　　　pudaLadaLan，Da benabaLis；開闢道路，為了能改變；

〔註95〕　未著撰人：〈陸森寶 LU Sen-Bao 原住民音樂家〉，《國立傳統藝術中心臺灣音樂館》2011 年，http://musiciantw.ncfta.gov.tw/list.aspx?p=M037&c=&t=1。

〔註96〕　未著撰人：〈陸森寶 LU Sen-Bao 原住民音樂家〉，《國立傳統藝術中心臺灣音樂館》，2011 年，http://musiciantw.ncfta.gov.tw/list.aspx?p=M037&c=&t=1。

　　tu kiyalimayai，tu katalimayai（我們）仰仗他，（我們）依靠他

　　amawu la i emu i pinaDai 他就是 先祖 比那來。

　　ta Dungulaw ta DaLiyaw mulepulepus 接續起來，貫穿起來，直到永遠，

　　tu kakuwayanan kanDi pinaDai.這是比那來樹立的傳統。〔註97〕

　　〈卑南王〉歌曲不以「卑南王」受封的事件頌讚，以曾在屏東水底寮一帶經商，並將農耕技術及器物如犁（kangkang）、大木桶（paetang）、石磨（elangan）等帶入後山，甚至如牛車等也引進卑南社事蹟作為創作理念。推斷1962年陸自臺東農校退休，醉心從事農耕，再對照卑南族大世紀年表，1964 年新接任的村長蔡勇貴（anting）及古仁廣等人號召下，由族人出錢出力，在原中央會所位置重建干欄式的水泥建材會所。〔註98〕陸森寶藉由〈卑南王〉歌曲，緬懷其先祖，鼓勵族人之意深厚。

　　陸森寶以母語創作之〈卑南王〉，日後分別有來自劇團、唱片、動畫的運用，因應讀者出現不同的轉譯版本；整理如下表，可發現愈晚近的版本，不將「Pinadray」視為傳說，而是要傳承、延續 Pinadray 的行為典範，直到永遠。唱片〈想念卑南王〉的表現以聖歌方式呈現，「聖、聖、聖上主、萬有的天主」、盛讚「奉主名而來的」的「卑南王」，這可能也與卑南社的宗教信仰有關，藉由與其作連結，讓族人更容易記憶與親近。1934 年，加拿大「聖公會」葉資牧師來到臺東的利嘉與南王原住民部落傳福音，認為當時福音未見具體成效，即是因族人曾受清朝乾隆時期封為卑南王，民族優越感強烈，對於外來的基督教文化極度排斥：〔註99〕

　　　　彪馬族（Pinuyumayan）與漢人接觸、通婚者頗多，因漢化較早，是
　　　　以祭拜神明、祖先崇拜的觀念，早已內化於族人的意識之中；由於
　　　　族人曾受清朝乾隆時期封為卑南王（Pinadray），並以王衣王冠賜之，
　　　　族人都以「彪馬族」族為榮，因此，對於外來的基督教文化極度排
　　　　斥；有些慕道友認為廢除偶像是「背祖叛宗」大逆不道的行為，深

〔註97〕1992 年 07 月原舞者於臺北市立社教館舉行第二季公演，以紀念卑南族民歌作家陸森寶生遺為名，演出卑南族歌舞「懷念年祭」。其中一首〈penanwang 卑南王〉為當時其中一首曲目。歌詞資料來源，臺北市政府原住民族事務委員會：《臺灣原住民族文化知識網》。

〔註98〕未著撰人：〈陸森寶 LU Sen-Bao　原住民音樂家〉，《國立傳統藝術中心臺灣音樂館》，2011 年，http://musiciantw.ncfta.gov.tw/list.aspx?p=M037&c=&t=12。

〔註99〕未出版。「普悠瑪教會」慶祝設教 70 週年刊印之「普悠瑪教會」簡史，田綠蘋傳道師整理。

怕廢除祖先牌位以後，祖靈不僅不再保佑子孫，而且會影響家庭平安，因此拒絕廢除偶像崇拜的風俗。當 Dalisen 因病蒙主恩召離世歸天時，本村的宣教事工也告停頓了。種種原因，導致基督教福音的宣教工作難以展開。〔註100〕

可見族人眼中的「卑南王」，影響力根深蒂固。

表5　陸森寶〈卑南王〉歌曲中文比較表

原舞者〔註101〕	美麗心民謠專輯〔註102〕〈想念卑南王〉	非王之王：卑南王〔註103〕
那被稱述的，那成為傳說的那教導者，那傳授者；（教我們）耕田，（教我們）插秧；他就是先祖　比那來。接續起來，貫穿起來，直到永遠，這是比那來樹立的傳統。達成，那西邊；開闢道路，為了能改變；（我們）仰仗他，（我們）依靠他他就是先祖　比那來。接續起來，貫穿起來，直到永遠，這是比那來樹立的傳統。	聖、聖、聖　上主、萬有的天主彌的光榮充榮滿天地歡呼之聲　響徹雲霄奉主名而來的當受讚美歡呼之聲　響徹雲霄我們的一位長老叫做Pinaday教導族人如何插秧用拉直線的方式讓秧苗成為整齊的排列這是他傳授給我們的好方法所以我們叫他卑南王	那被稱述的、有名望的人，那教導我們的，那指導我們田裡插秧技術的，就是我們的祖先 Pinadray。我們要傳承、延續 Pinadray的行為典範，直到永遠。那翻山越嶺到西部的，那為了改善生活而開路的，那成為大家依賴與依靠的，就是我們的祖先 Pinadray。我們要傳承、延續 Pinadray的行為典範，直到永遠。

日治時期原住民菁英，有的堅持原鄉理想，成為時代的悲劇英雄；有的成為傳承文化的「部落導師」默默為下一代耕耘。陸森寶以他熱愛自然土地與族群文化的精神留下動人的樂章，在族人歌聲中提醒族人開闢先祖。

〔註100〕 參考自酋卡爾主編，《臺灣基督教長老教會原住民族宣教史》（臺北市：永望文化事業，1998 年），頁 427。

〔註101〕 1992 年 07 月原舞者於臺北市立社教館舉行第二季公演，以紀念卑南族民歌作家陸森寶生遺為名，演出卑南族歌舞「懷念年祭」。其中一首〈penanwang 卑南王〉為當時其中一首曲目。歌詞資料來源，臺北市政府原住民族事務委員會：《臺灣原住民族文化知識網》。

〔註102〕 美麗心民謠想念〈卑南王〉，演唱：紀曉君，2007.09 發行。

〔註103〕 臺東縣卑南族民族自治事務促進發展協會：〈卑南族主題故事～非王之王〉（臺東：國立臺灣史前文化博物館，2019 年），https://www.dmtip.gov.tw/web/page/detail?l1=4&l2=118&l3=328。

同樣為緬懷「卑南王」，「卑南王」的傳說對其他非卑南族群的作者，有不同的詮釋。說明如下：

1. 李碩卿：〈卑南王故宮遺址〉

七言絕句，收入李碩卿《東臺吟草》，為李碩卿來臺東時登臨古蹟、緬懷「卑南王」所作。李碩卿（1882～1944）生於清領—日治時期。少從板橋趙一山學，以孔孟為宗，博覽典籍。詩以七絕為主，古體為善。〔註104〕李碩卿除以詩聞名於當世外，教育學子更是不遺餘力。李碩卿將旅遊東臺灣的見聞寫成《東臺吟草》一書，以詩歌詳述東臺灣的風土人情及開發情況，詩歌中亦多保存東臺灣開發之初的面貌。〔註105〕東臺灣之旅有兩首以卑南王為題的詩作：

> 朝天酋長甚威風，賜錦榮歸更築宮。原上今存故址，鉅材化石草蒙戎。（其一）
>
> 芳草離離歲月賒，蕃人未敢種桑麻。故宮頹廢休興感，多少王居噪暮鴉故宮遺址約二甲，蕃人未敢耕種，一任荒蕪。（其二）

第一首詩中，作者讚美「酋長」朝見天子，受到禮遇，歸來後興築王宅，益加鞏固領導地位。然傳說已成為過去，如今只剩下亂草之中的樑柱化石。第二首詩，先從荒煙蔓草寫起，歌詠卑南王，雖成過去，但在民間的影響力仍在；後人因對「王」心懷敬畏，不敢在遺址上種植農作物。眼前景象雖然荒涼，但天下過氣的王宮何其多，也不用過於感嘆了。李碩卿旅經臺東時，見到比普通住屋還要宏偉的卑南王宮遺址，透過書寫從斷垣殘跡中想像過去「朝天酋長」，在部落中是如何威風顯赫：就算建築已破敗，對其仍敬若天神，不敢在頹圮的荒地種植開墾。詩中對曾經一統七十二社之「王」，透露出一股滄涼與孤寂感，頗有前不見古人，後不見來者，念天地之悠悠，獨愴然而涕下之感。此詩以漢人容易理解的方式，對眾說紛紜的「王」傳說抒發情感。

身為日治時期傳統知識分子，李碩卿難免對原住民族有錯誤認識及刻板想像，尤其是在文學渲染下，往往有對原住民族恐懼之心過於誇大的嫌疑，

〔註104〕國立臺灣文學館：〈智慧型全臺詩知識庫〉http://xdcm.nmtl.gov.tw/twp/TWPAPP/ShowAuthorInfo.aspx?AID=1061。

〔註105〕林以衡：〈被觀看的族群—李碩卿的原住民書寫〉，行政院原住民委員會：《原住民族文獻會網站》，第 17 期（2014 年 10 月）。https://ihc.apc.gov.tw/Journals.php?pid=624&id=812。

這是過去時代氛圍難以避免的形容方式，也是過去人們對原住民族根深柢固的看法。〔註106〕

2. 黃師樵：〈卑南王的故事〉

黃師樵曾在《臺北文獻》發表一篇：〈卑南王的故事〉，故事似乎集文獻與傳說之大成，最後以「認為有其事」，但又以「切勿視為正史」提醒讀者。故事從「卑南王」出生到離世的傳奇故事，還包含早在入京前即有卑南王之稱號，一統七十二社的說法等。

故事發生在清嘉慶、道光年間，臺灣到處時常發生械鬥，因而出了一位傑出人物。卑南王是臺東卑南覓人，不詳其姓氏，只因他平日素任俠尚義，勇猛過人，群以卑南王稱之。父為本省漢人，母為某社番婦，幼曾就讀於枋寮書塾，略識之無。在黃師樵文筆下，栩栩如生地描寫了「卑南王」的事蹟：如何以計平賊，如何從受船難的暹羅僧學得咒語巫法控制部落，如何因海難英人相助入京受封，回台時如何受福建總督之辱，創行殺頭的祭儀，其子繼位候如何改殺人頭為殺猴頭，反使卑南族式微等等。詳細的描述，或許與其任職臺灣文獻館有關，收集到如此豐富的資料。

情節大致可分四個段落：

（一）當時地方匪亂猖獗，官軍鎮壓撫平，但尚有餘黨七十二人，兇惡無比，盾居卑南覓，各番社召集酋長協議，推出代表向逃匪低首言和，願歲歲貢獻食物番產，輪流供奉，可是，逃匪猶時常擾及番婦，忍無可忍聯袂走訴求援於「卑南王」。「卑南王」遂替壁劃計謀，讓羣番散居各社，以多制寡，殺戮淨盡。群番額手稱慶，佩服卑南王的奇謀妙計，情願為其勞役驅使，尊為卑南覓領袖，每日輪流調派數十人，隨侍左右。

（二）一日暹羅船於知本海岸遇難擱淺，卑南王派人營救。暹羅巫師授予錫杖，可控制瘧疾流行，於是東臺灣眾部落服之。從此，卑南王每年一次舉行錫杖祭，祭時各社務必送去一青年為祭品，跪列錫杖前，任擇其一，斬首獻祭，眾番唯唯是從，不敢異議。

（三）英國商人貿易途中遇颱風，漂流至臺東海域，被人發現走報卑南王，緊急號召動員眾番出海救護。英公使得知卑南王事蹟。遂帶著卑南王進京。皇帝以為奇瑞賜與黃馬褂，回臺卻被福州當地總督換成戲服戲弄。

（四）在卑南覓的勢力範圍內，卑南王一帆風順，威望炙手可熱。可是，

〔註106〕林以衡：〈被觀看的族群—李碩卿的原住民書寫〉。

享年僅五十餘歲，其子雖承襲卑南王的爵位，改以猴子代替來獻祭錫杖，威勢因而從此逐漸衰退。

黃師樵先後歷任大溪街長、鎮長、農業會長、新竹縣民教館長兼圖書館長、臺灣省民政廳專員、臺灣省文獻委員會編纂等職。黃師樵於民國 34 年（1945）擔任大溪第一任官派鎮長，最主要之原因據呂芳谷的回憶：「黃師樵很有可能是因為其漢學造詣佳，以及學問很好等原因，被指為官派的鎮長。」〔註 107〕也或許因在臺灣省文獻會工作，讓〈卑南王的故事〉因而集古今大成。這篇故事或許也影響陳千武《擦拭的旅行—檳榔大王遷徒記》。

3. 陳千武：《擦拭的旅行—檳榔大王遷徒記》

陳千武本名陳武雄，曾任臺灣製麻會社監工等職，1943 年開始參與南太平洋戰爭，1946 年返臺。曾任臺中市立文化中心主任等職位。為笠詩社發起人之一，創辦《笠》詩刊及擔任主編。曾獲吳濁流文學獎等多座獎項。陳千武創作文類以詩為主，兼有論述、散文、小說、兒童文學及翻譯等。身為「跨越語言的一代」，陳千武少年時即以日文寫詩，戰後因語言政策停筆十餘年後，才再以中文發表詩作。1970 年代開始，致力於兒童文學的倡導童話及少年小說、編輯兒童詩集等，為臺灣兒童文學的重要推手之一。〔註 108〕

此篇少年小說時間背景在二十一世紀，兩個少年拿著神秘的畫筆和橡皮擦，以穿越時空的方式，走進神秘島遇見卑南王。故事地點在馬來半島的「彼南」，兩個少年遇見第六世紀的「檳榔大王」，由於洪水襲擊「彼南」地方，大王不得不帶領族人遷徒。兩個少年跟隨「檳榔大王」，分乘好多艘竹筏船，航入大海飄流。經過幾次冒險，飄流到臺灣東部海岸，才上陸決定在臺東平地永住。然而，原先居住在此地的野牛族很兇，要趕走他們，因而互相鬥爭。「檳榔大王」有兩個少年的幫助，戰贏其他族人。「檳榔大王」設置集會所，訓練青少年，族人勇敢健康，最後兩個少年才回到二十一世紀的故鄉。

作者特別在序言注釋「檳榔大王」的名稱：

> 據說，在馬來西亞半島西岸的彼南島住民，都視檳榔為珍貴的植物，
> 名叫「彼南」，漢人把它譯為「檳榔」，因此指植物的時候稱「檳榔」，

〔註 107〕總編纂賴澤涵、編纂謝艾潔：《新修桃園縣志‧人物志》（桃園：桃園縣政府，2010 年），頁 53。

〔註 108〕未著撰人：〈名家檔案：陳千武〉，《文藝資料研究及服務中心》（財團法人臺灣文學發展基金會，2018 年），http://www.lmrsc.org.tw/famous_detail362.htm。

而指族人的時候稱「彼南」。據說臺灣臺東的卑南族是由馬來半島的「彼南」遷徙過來的，並不是完全沒有考據。因為「卑南」和「彼南」音韻相似，而且在臺灣「檳榔」也被視為珍貴植物。還有在前述傳記中的大哥當祖先的地方「知本」這個名字，最早是叫「巴那巴那揚」或叫「魯布阿昂」，是指祖先出生的地方，也就是馬來族人的本家的意思。後來改「吉波特」，是指逃避山裡又回來的人或指南方的義思，均為族人懷念故鄉馬來地方而取的地名。〔註109〕

作者以臺灣的東部受到中央山脈的阻隔，開發較晚形成世外桃源，自古是卑南族人的根據地，以先祖傳說作骨架，並以《臺灣通史》記載的卑南王為主人公，透過精采的故事情節及妙趣橫生的小說發展，希望讀者體會這個純樸的土地和人民原始的美。劇情安排具有神奇魔法和兩個少年，協助解決「檳榔大王」所遇到的困難與問題，整體似乎有以文明回看蠻荒年代，利用不同文化價值塑造的冒險旅遊傳奇。有如一位英雄的歷險經驗故事，以「出發」→「抵達」→「戰鬥」→「勝利」→「返鄉歡宴」為整套故事的過程。該書還被翻譯成日文，由東京かど書房出版。〔註110〕

4. 林韻梅：《發現後山歷史》

作者曾任臺東高中教師，參與臺東文獻編輯、臺東縣史纂修等工作。創作文類以散文、小說為主，兼及論述。作品根植於對居住地臺東的深入觀察，描繪山川雲樹、人情風貌，並著力於臺東歷史的考察，挖掘平埔族、漢人、西方人、日人在臺東開發的痕跡。〔註111〕

這篇推測應是根據連橫《臺灣通史》的記錄，以閩南語口吻改寫的小說，作者結合了史料與文學，以小說形式遊走於真實與虛構之間，就人物的型塑來說，很能呈現作者想像力。小說兩位男主人公：王忠（漢人）和文結（普優瑪人），都是清朝初期的人物，歷史文獻中確有王忠、文結，「文結」更是在歷史文獻中被稱為「卑南王」，屬年代較早的一位「王」者。

〔註109〕陳千武：《擦拭的旅行—檳榔大王遷徙記》（臺北市：臺原出版社，1993年），頁6。

〔註110〕林文寶，邱各容著編輯：《臺灣兒童文學史》，頁107。安田學、保土反登志子譯：《ビンロウ大王物語—伝説・台原住民ペイナン族》（東京，かど書房，1998年8月）。

〔註111〕國立臺灣文學館《2007臺灣作家作品目錄》〈林韻梅〉http://www3.nmtl.gov.tw/Writer2/writer_detail.php?id=852。

在小說中，作者創造兩人的友誼關係，人物關係的創作，投射了作者的族群關係期望和態度。可由二點觀察體會小說中作者濃厚的漢族情結：一，王忠「反『清』復明」的鮮明立場，從漢族的角度來看，是值得肯定的情懷。二，故事中的男主人公「文結」，是異於滿清的另外一種「異族」，和文脈中「痛心異族」的主題有點格格不入，在作者的思緒上似乎難以取得平衡，也未能圓滿解釋在那樣的時代背景中，一個漢人「竄逃荒谷」後，和一個普優瑪人如何建構深厚的友誼？然，臺灣通史的記錄中，文結具有漢人血統的記錄，提供了作者這層關係的著力點。作者所安排的王忠角色，似乎是另一個「吳鳳」的呈現。但文獻記載，尤其是以漢族觀點的文字記錄顯示；當時在東臺灣上演的族群關係，是清廷聯合卑南社把東臺灣中的漢人趕出，以免他們在「後山」與「番」聯合坐大。所以，歷史上「文結」更可能是結同清政府將漢人視為異族。

相較各作家呈現內容：陸森寶以緬懷「卑南王」的方式，凸顯「卑南王」為族人帶來之農業發展。李碩卿以念天地悠悠之傷感，緬懷卑南王，頗有故人已隨黃鶴去，此地空留黃鶴樓的感嘆。林韻梅敘述的「卑南王」是和清代在臺東開發的漢人的一段友誼。陳千武的少年小說，透過精采的故事情節及妙趣橫生的小說發展，跟隨著主人公走進奇異的擦拭旅行，遇見卑南王，走進神秘島，看見原住民靈活的生命力，試圖留給每個大人和小孩最溫馨美好的回憶。

歷史、口傳流傳的卑南王有著許多不同面貌，可發現有三位非卑南族作者李碩卿、陳千武、林韻梅的作品，雖遊走於真實與虛構之間，所採用的歷史，多為連橫所記之「卑南王」。林韻梅《發現後山歷史》另一男主人公「王忠」，則為連橫《臺灣通史》臺東拓殖列傳描寫鄭尚時提及的「王忠」：

> ……康熙六十一年朱一貴之變，餘黨王忠竄入卑南，有眾千人，聚處大湖，蓄髮持械，耕田自給。總兵藍廷珍慮其復亂，檄千總鄭維嵩往諭土目文結搜捕，凡漢人皆逐之。文結之祖亦漢人，避難，竄於卑南，踞地為長，能以漢法變番俗。子孫凜祖訓，不殺人，不抗官。……〔註112〕

這一連串巧妙的聯結，成為作家的聯想，認為文結的祖先亦為漢人，在風火戰亂時節，兩人頗有英雄惜英雄之情感，發展出這段故事。

〔註112〕連橫：《臺灣通史》，頁815。

二、部落觀光復振與「卑南王」

2017 年，由臺東縣卑南鄉下賓朗社區發展協會推動《Pinadray（卑南王）》定目劇，下賓朗部落族人林蕙瑛，從樂舞編導、排練到演出一手包辦，並加強部落青年充實劇場實務、燈光、音響與舞台管理的學習機會，希望將來有機會實際應用於部落自主經營的「部落劇場」。〔註 113〕《Pinadray 卑南王》定目劇演出，源自於行政院原住民委員會辦理的「普悠瑪產業示範區推動計畫」，透過官方輔導部落，進行樂舞表演體驗培訓課程，深化部落青年對於文化產業的認識，並透過自己的專業能力結合部落母體文化原素，創造新的樂舞創作型態及產業行銷能力。

林蕙瑛居下賓朗部落，為 Pinaski 青少年文化樂舞團團長及臺東高商原舞社社團指導老師。經常獲得全國原住民學生舞蹈冠軍。林蕙瑛落透過青少年樂舞團的運作，讓年輕人向老人家學習傳統歌謠，也帶動部落老少的凝聚力。〔註 114〕《Pinadray 卑南王》定目劇，全劇以歌舞貫穿，將卑南族生活、農事生產、會所訓練，與前往北京宴會等情節重現，顯示部落歷史、傳說與文化傳統，以舞台定目劇方式綜合體現。〔註 115〕定目劇《Pinadray 卑南王》，劇情以曾於清乾隆 53 年赴紫禁城，接受皇帝宴請與餽贈，並引進農耕及相關技術回鄉卑南社的頭目 Pinadray 為主軸，卑南王從此成為地方對 Pinadray 的尊稱，Pinadray 曾在屏東水底寮一帶經商，並將農耕技術及器物如犁（kangkang）、大木桶（paetang）、石磨（elangan）等帶入後山，甚至如牛車等也引進卑南社，改善了族人生活，迄今仍為族人懷念。經過部落團隊實際排演及需求，劇目共有五幕：

第一幕：「慶賀」加六賽是部落族人尊敬的長者，少年 Pinadray 出生後受到族人的慶賀。

〔註 113〕 林建成：〈Pinadray（卑南王）〉定目劇的嘗試與詮釋〉，《發現史前館電子報》第 350 期，2017 年 7 月），1https://beta.nmp.gov.tw/enews/no350/page_02.html。

〔註 114〕 南島好樂舞—林蕙瑛 https://www.facebook.com/%E5%8D%97%E5%B3%B6%E5%A5%BD%E6%A8%82%E8%88%9E-%E6%9E%97%E8%95%99%E7%91%9B-1433156853637378/。

〔註 115〕 2017 年國立臺灣史前文化博物館辦理「普悠瑪產業示範區推動計畫」，規劃「定目樂舞培訓劇作活動」，聘請前國家文化藝術基金會執行長、國內劇團專家江宗鴻前來指導，針對史前文化及各項主題進行多次討論，在現有基礎考量，期待能夠發揮、創造樂舞產值等條件，於是有了嘗試《Pinadray》定目劇的共識，踏出了一步。

第二幕：「部落生活」—藉由婦女除草情景，傳達部落日出而作、日落而
　　　　息的生活，並以歌舞傳達對部落的情感。

第三幕：「Palakuan 的洗禮」Pinadray 接受會所訓練，鍛鍊成為合格的卑
　　　　南族青年。

第四幕：「朝廷的貴客」Pinadray 成為領導人，與統治政權折衝求取族群
　　　　生存空間，並獲得朝廷邀請進京成為重要貴賓，也得到民間尊稱
　　　　為卑南王。

第五幕：「和平、祝福」Pinadray 展現了寬大的包容力，與各族群、部落
　　　　和睦相處，讓族群、社稷能夠永續發展。〔註116〕

在第四幕「朝廷的貴客」，以乾隆皇帝宴請遠道而來的 Pinadray，餽贈賞
功牌。為演出效果，劇團還特別商請臺北的朋友專程到服裝店租借「乾隆皇
袍」道具。傳說中卑南王獲龍袍的情節，在部落人心中佔有極重要的角色，
就好像獲頒獎狀般的具有榮耀性。這戲劇性的情節，打造定目劇視覺高潮，
也符合部落作為觀光的需求。

觀光化對許多原住民部落而言，有許多糾結的情結。一方面的確是部落
內重要的收入來源，另一方面對於本族文化特色被販賣，有著負面的影響。
謝世忠指出：「觀光是族群關係的一種特殊的形式，它也適時的扮演重塑族群
意識或族群性的角色」。〔註117〕部落耗費心力籌畫的歷史大劇，首次表演結
束時主辦人林惠瑛哽咽到幾乎說不出話來，她說：「讓別人認識我們，是我們
的責任」，透過定目劇的形式，讓文化藝術詮釋權回歸到卑南族人身上，也藉
由最能直接傳接文化的表演藝術，逐步建構部落劇場，打造夢想的「藝術基
地」。未來定目劇本內容還可依各部落推動小旅行，或各種深度文化體驗遊程
自由調整，透過觀賞定目劇，深入認識卑南族文化之美。〔註118〕

定目劇《Pinadray 卑南王》所運用的「歷史」，是卑南王至北京受封的傳
說，一方面凸顯過往卑南族強盛的勢力，另一方面也呈現族人的認同，卑南王
比那賴 Pinadray 代表的是卑南族人的光榮史蹟。一如本章第一節所述，借助過

〔註116〕　林建成：〈Pinadray（卑南王）定目劇的嘗試與詮釋〉，《發現史前館電子報》
　　　　　史前館電子報第 350 期（2017 年 7 月），1https://beta.nmp.gov.tw/enews/no350/
　　　　　page_02.html。

〔註117〕　謝世忠：《山胞觀光》（臺北市：自立晚報社，1994 年），頁 7。

〔註118〕　林建成：〈Pinadray（卑南王）定目劇的嘗試與詮釋〉，1https://beta.nmp.gov.tw/
　　　　　enews/no350/page_02.html。

往的觀眾熟悉的傳說，來凝聚民族的認同感，族人形塑一個代表卑南族的英雄，津津樂道的光榮史蹟，讓大眾透過定目劇，進而認識卑南族。

三、「非王之王」：新視角下的理解

《非王之王：卑南王》動畫，是由臺東縣卑南族民族自治事務促進發展協會發動部落族人共同創作產生。動畫以「遙遠的海外」來到「真正的土地」，形容 Puyuma 先祖至臺灣島後，慢慢建立起一個被竹林圍繞的強悍部落。然後從竹林中走出，在臺東平原上，與其他勢力合縱連橫，展開權力爭逐，渡過多次歷史的腥風血雨和更迭，終於誕生出卑南王的輝煌與傳奇。故事結尾以 Keralaw〔註119〕的堂侄陸森寶所寫〈卑南王〉歌謠，強調直到如今，即使盛景不在，但如同 Puyuma 部落的榮光，依舊在不同時期，以不同形式，在不同領域如體育、政治、音樂、文學中，綻放出屬於 Puyuma 部落獨特的瑰麗色彩。

動畫大約 5 分鐘，全劇以 Pinadray 為敘事中心，將 Puyuma 從古至今興衰完整敘說，最後勉勵效仿卑南王的精神，持續發光發熱。頗有革命尚未成功，族人尚須努力之意味。《非王之王：卑南王》動畫劇情字幕旁白摘要如下：

> 在很久很久以前，臺東平原上有一個被刺竹林包圍的部落。……同時，他們也有令人聞風喪膽的巫術，使他們成為卑南平原上令人害怕的角色。某一天，部落裡 Raera 家族的人遇見了來尋金的荷蘭人，立刻與他們結盟，取代 Pasaraat 家族，成為 Puyuma 部落的軍事領袖。yawan 荷蘭人給 Puyuma 部落帶來許多新的武器，設置了東部地方會議，以武力威脅其他部落繳交貢租。……。荷蘭人撤出後，Puyuma 立刻接收了荷蘭人原有的勢力範圍、貢租與貿易路線。……。即使有禁令的存在，許多漢人還是會帶著物資偷偷進入東部，……Puyuma 的 Raera 家族一個叫做 Pinadray 的男人，他婚入到水底寮，掌握了浸水營古道這條重要的路線；並將許多農業用具和技術，引進了東部平原。最重要的是，他引進了豬和牛，……Pinadray 聯合其勢力範圍下的 72

〔註119〕 動畫描述 Keralaw 70 歲（1930 年）時，因瘧疾於部落中肆虐，他的兒子鄭開宗與其他 Raera 家族後裔，和日本政府協調後，將原本因天花疫疾分散於卑南一帶的 Puyuma 部落，集中遷至南王里現址。兩年後，Keralaw 去世，「卑南王」的輝煌與傳奇，也隨著他的入土，進入了歷史。

社，協助清兵順利鎮壓後，乾隆皇帝大悅，召見 Pinadray，封他為六品頂戴大家開始稱呼他，以及之後繼承 Puyuma 部落 yawan 的人為「卑南王」。但是當 Pinadray 的後代 Keralaw 出生後，部落卻流行起天花，族人紛紛去世，或是逃離部落，再加上清政府開始實行開山撫番的政策，使得 Puyuma 部落實力大減。馬關條約後，清政府退出，換日本人登場。繼承 yawan 一職的 Keralaw，迫於現實壓力，決定歸順日本政府。日本政府於部落附近開闢了卑南大圳，Puyuma 部落的主糧從小米轉為水稻，農具杵臼、米篩也轉為風穀機等機械。日本人後來更是迫使 Puyuma 部落取消長達了 250 年的徵收貢租行為。……當 Keralaw 去世，「卑南王」的輝煌與傳奇，也進入了歷史。……。在他去世 38 年後，他的堂侄陸森寶改編了美國民謠〈老黑爵〉，譜寫出一首歌頌、紀念這段光輝歷史的歌謠〈卑南王〉。

部落積極轉譯〈卑南王〉故事，這與當代官方促進原住民族群意識覺醒與文化復振有關，動畫另一合作夥伴—國立臺灣史前文化博物館表示：

> 國立臺灣史前文化博物館透過本案，深化典藏臺灣原住民族文物之研究內涵，進行典藏品相關地理座標定位及故事化轉譯工作，使原住民族的物質文化及社會生活與歷史記憶，可透過田野調查、所屬聚落居民的參與詮釋，重建其文化脈絡。同時，將卑南族文物原始素材轉化為故事文本，以卑南族物質文化生活、歷史變遷、神話傳說、人物傳奇為基礎，發展主題故事專文與短片，透過文字、圖像及影片等載體，再現文物於當代的活力與故事性。〔註120〕

博物館透過口述傳統的整理、引用、轉述、融會與重構，建立歷史文本，以襄助藏品的深入研究。《非王之王：卑南王》故事發表於《臺灣原住民數位博物館》網站上。〔註121〕動畫透過 Youtube 讓觀眾自由選播。部落透過文物詮釋與故事撰寫、短片製作等項目，使卑南族歷史與文化能掙脫「文獻化」的趨向，使其能成為生活中的「進行式」。動畫以 Puyuma 稱卑南部落，以簡單的 2D 動畫呈現，全劇以跨越幾千年、幾百年、好久好以前，以「Pinadray」為主人公敘說，可以從中發現過往學者以田野方式和文獻交叉敘述推測，在

〔註120〕 臺東縣卑南族民族自治事務促進發展協會：〈卑南族主題故事～非王之王〉（臺東：國立臺灣史前文化博物館，2019 年），https://www.dmtip.gov.tw/web/page/detail?l1=4&l2=118&l3=328。

〔註121〕 臺東縣卑南族民族自治事務促進發展協會：〈卑南族主題故事～非王之王〉。

動畫故事中，直接以敘述直線性觀點呈現。歸納《非王之王：卑南王》有別與以往的新觀點與理解如下：

1. 將先祖不同起源點的說法都融入。

在很久很久以前，有一群人住在遙遠的海外，在一場大洪水後，他們被迫遷離原有的家園，在海上漂流。有人說，他們漂到了 Panapanayan（太麻里三和海邊），在海邊插上竹子後，生出了後代。也有人說，他們是先漂到了 Butul（蘭嶼），再漂到了 Truwangalan（都蘭山），生下後代。不管是那種說法，這群兄弟姊妹紛紛在不同的時間，抵達了卑南平原，在卑南附近山麓下 7 個地方，各自建立起自己的聚落。〔註 122〕

2. Puyuma 的強盛除了少年會所制度還有令人聞風喪膽的巫術。

在這個一千多人的部落中，少年們從小就接受一連串嚴苛的斯巴達式訓練，每年夏末秋初，他們要到山上捕捉猴子，並在養育猴子一段時間後，親手刺死猴子，喚醒他們的戰鬥本能。同時，他們也有令人聞風喪膽的巫術，除了趨吉避凶，亦能幻惑敵人。於是，在竹林、巫術與武力築起的屏障中，Puyuma 這個部落越來越壯大，開始與卑南平原上其他的部落互相爭逐，成為卑南平原令人望之生畏的部落。〔註 123〕

3. 荷蘭人教給了 Raera 家族許多平原戰的軍事策略，因著荷蘭人頻繁的尋金與運送物資活動，臺灣東部和西部之間陸地往來的路線，逐漸被開啟。

4. Puyuma 順理成章地接收了荷蘭人的勢力範圍。

5. Puyuma 部落手持長矛、弓箭和火繩槍，阻斷了明鄭軍前進的路。

6. 朱一貴事件時許多漢人乾脆婚入卑南族部落，正式成為東部居民。

7. 大兒子 Pinadray 在第一任妻子去世後，婚入至水底寮；二兒子婚入至牡丹社。水底寮和牡丹社分別位於浸水營古道和卑南恆春道，使 Puyuma 部落在西部紛亂的勢力交替中，始終掌握著臺東平原。

8. 婚入到水底寮的 Pinadray，將許多農業用具和技術，引進了東部平原。使 Puyuma 部落在小米之外，開始嘗試種植高產量的水稻；最重要的是，透過 Puyuma 部落歷代維持的貿易路線，引進了家畜，如肉豬、水牛等，大

〔註 122〕 臺東縣卑南族民族自治事務促進發展協會：〈卑南族主題故事～非王之王〉。
〔註 123〕 臺東縣卑南族民族自治事務促進發展協會：〈卑南族主題故事～非王之王〉。

幅提升了 Puyuma 部落的食物來源；並因牛的進入，產生了牛車有輪的運輸工具。

9. Puyuma 部落的因經濟實力迅速發展，並與附近的諸多族群與部落緊密聯繫。也就是林爽文事件之前勢力已擴大許多。

10. Pinadray 因林爽文事件前去北京後，受封六品頂戴，風光返回部落時，卑南王之名不脛而走。之後繼承 Puyuma 部落 yawan 位置的 Raera 家族後裔或女婿，也一併承襲了卑南王此一稱號。

11. Puyuma 最鼎盛的時期為 Taeta 出生時。但 1874 年時，部落流行起天花，族人紛紛去世。為躲避疫病，諸多族人遷出竹林中的部落，分住在附近三個區域。

12. 1875 年，「呂家望事件」清軍的進入，及臺東直隸州的設立，都顯示出 Puyuma 部落對臺東平原的掌控力已不如以往。

13. 日人進入臺灣東部時，在現實的多方考量下，決定歸順日本政府與馬蘭的阿美族壯丁合作，持著刀、槍等武器，於電光擊退清軍殘部。

14. Keralaw 向日方爭取，在部落設置了臺灣國語傳習所卑南分教場因此，許多 Puyuma 部落的孩子，長大後紛紛成為臺灣該時期教育、醫療領域中，舉足輕重的人物。

15. 日本政府扶持親日的領袖，以「頭目」稱之。Puyuma 部落正式被納為國家體制下的一員，原本在東部地區的強勢地位，被另一股更為強勢的權力取代。Keralaw 去世，「卑南王」的輝煌與傳奇，也隨著他的入土，進入了歷史。

經整理動畫的劇情，彷彿 Puyuma 的大事紀。動畫中以 Puyuma 稱謂「卑南族」。並未用「卑南族」觀點來說這個故事，以 Puyuma 的觀點來敘說「卑南王」。可發現在清代官方文獻記載的「文結」，在部落與族人的觀點中都未寫進其中，Puyuma 的強盛關鍵點是因荷蘭人來尋金，選擇了 Raera，教了很多平原軍事策略。因為尋金開拓了東部和西部的往來路線，東西交易的地點就在 Puyma。荷蘭人撤出後，Puyma 接收所有，奠定基礎。乾隆皇帝召見 Pinadray，之後，繼承 Puyuma 部落 yawan 的人為「卑南王」。敘事終歸結語以族人曾經擁有「卑南王」歷史記憶，即使盛景不在，但 Puyuma 依舊在不同時期，以不同型式，在不同領域如體育、政治、音樂、文學中綻放出 Puyma 獨特的瑰麗色彩：

　　　　從「遙遠的海外」到「真正的土地」，Puyuma 部落慢慢建立起一個
　　　被竹林圍繞的強悍部落。然後從竹林中走出，在臺東平原上，與其
　　　他勢力合縱連橫，展開兩百多年的權力爭逐，渡過多次歷史的腥風
　　　血雨和更迭，終於誕生出「卑南王」的輝煌與傳奇。直到如今，即
　　　使盛景不在，但如同〈卑南王〉這首歌謠所述，Puyuma 部落的榮光，
　　　依舊在不同時期，以不同形式，在不同領域如體育、政治、音樂、
　　　文學中，綻放出屬於 Puyuma 部落獨特的瑰麗色彩。〔註124〕

動畫敘事寫法是以部落之榮景，非個人色彩，「王」的影響是讓其擁有光輝
的歷史，是記憶是曾經，「Pinadray」不是傳說，是有名望的人，將其視為「真
實」。

　　綜看這些多樣的文學創作，

　　1939 年李碩卿的皇帝封賜「卑南王」，衣錦榮歸故里，

　　1964 年陸森寶的「卑南王」帶入農業，讓族人生活更豐裕，

　　1993 年陳千武的「卑南王」帶領族人尋找生活之島，

　　1997 年林韻梅的「卑南王」與漢人建立友誼，讓後山的生活更和諧。

　　2015 年巴代的「卑南王」，以一個女性角色帶領族人平和的轉換政權。

　　2017 年林蕙瑛、2017 年臺東縣卑南族民族自治事務促進發展協會的動畫
〈非王之王：卑南王〉，詳述「卑南王」如何締造光榮的卑南族史。

　　創作者將卑南王重新演譯，在不同的空間、時間場域及個人風格等因素，
不同作者選擇合乎自己文化要求的特質，創作心中「卑南王」，所選擇的情
節，大多有所本，並非憑空想像。過往民間所盛傳「卑南王會作饗」、「龍袍
具有靈力」等情節，皆不再被凸顯其中，大多還是依尋歷史記載之情節發展，
但是可發現有非卑南族作者李碩卿、陳千武、林韻梅的作品，所採用的歷史，
多為連橫所記之「卑南王」。卑南族的作者或是部落本身，所採用大多是宋
龍生所書寫的卑南族史。創作者各自在文中刻劃卑南王，將「歷史」與「傳
說」以互滲的方式共容其中。觀察各文本所呈現的「卑南王」意象如下：

　　1. 不止是一統七十二社

　　卑南族十七世紀以前就是強盛的民族，在卑南王時代達到顛峰；傳說卑南
王威盛之際，曾領導東部各族群 72 個部落，影響力北到今花蓮玉里、南到屏

〔註124〕臺東縣卑南族民族自治事務促進發展協會：〈卑南族主題故事～非王之王〉，
　　　　　https://www.dmtip.gov.tw/web/page/detail?l1=4&l2=118&l3=328。

東恆春，是各部落尊敬的領袖人物。〔註125〕這樣的說法在不僅是民間，也是官方推動文化復振之說法。卑南族的作家，更強調過去「卑南王」的豐功偉業，在其心中「卑南王」帶領卑南族興起，是一位功不可沒的先祖。

2. 農業英雄

卑南族的傳統經濟以山田燒墾的農業為主，最早的農作物為小米，後來才有禾、麻、菽、麥等作物的出現。宋龍生認為石生與竹生兩個社群因地理環境分別走向不同的生態環境，在生產利用土地資源的方式也有所不同。知本社群以部落為根據地，將人口分散開來，從事山田燒墾的輪耕、游獵經濟；卑南社群在肥沃的平原上，採取了定耕，在農閒時從事大規模的狩獵經濟。〔註126〕相傳在十八世紀時，由「卑南王 Pinadray」引進水稻耕作技術與器物，讓農業生產與技術興盛一時。日本殖民統治時期，水稻受到政策鼓勵與支持，耕作面積大量增加。有三位作家述說卑南社的 Pinadray，不再凸顯是被清政府冊封之「卑南大王」，而是引進農耕技術造服鄉里，進入二十一世紀，Pinadray 是為卑南社的農業奠下基礎農業英雄形象，讓「卑南王」傳說更貼近現在的生活。

3. 史詩般的英雄人物〔註127〕

民間傳說或歌頌英雄功績的長篇敘事詩，它涉及的主題可以包括歷史事件、民族、宗教或傳說。在文字尚未出現時，史詩最初是純口述式記錄的，在傳達過程中，聽眾聆聽史詩後，會用口述形式將史詩世代相傳，隨著時間而增添情節，最後被整理、加工，以文字記載成為一部統一的作品。如荷馬的史詩作品《伊利亞特》和《奧德賽》。隨時代改變，口傳不再是部落傳承唯一方式。臺東下賓朗部落社區發展之《Pinadray（卑南王）》定目劇，該劇的舞臺總監林蕙瑛表示：

> 讓別人認識我們，是我們的責任。〔註128〕

推動文化保存與復振的核心理念，在卑南族認同的作者所展現的作品，

〔註125〕　未著撰人：〈卑南族〉，《行政院原住民族委員會》。網址 https//www.apc.gov.tw/portal/docList.html?CID=E6CD8B3830879023&type=D0BD0AE75F4158D0D0636733C6861689。

〔註126〕　宋龍生：《臺灣原住民史・卑南族史篇》，頁 6。

〔註127〕　「史詩」在現代語文中，多用來指虛構的文藝作品，其特點是背景龐大、人物眾多，涉及大量的虛構地理，時間跨度大的敘事作品。筆者採其因其時間跨度大而以史詩形容之。

〔註128〕　林建成：〈Pinadray（卑南王）定目劇的嘗試與詮釋〉。

一表無疑，並以跨度大的時間呈現卑南王，讓「卑南王」在族人的作品中有如史詩般的英雄人物。

4. 從被觀看的族群轉而自我發聲

李碩卿以緬懷歷史上的英雄人物、林韻梅運用真實與虛擬，敘述文結與王忠的相遇，陳千武以兩位少年協助卑南王帶領族人尋找生活之島，作家皆以第三者的觀點描寫〈卑南王〉，如：林韻梅以朱一貴事件，描述卑南王與漢人相遇，陸森寶頌讚以其引進農業為部落奠定基礎，皆是以一個時間點發生的歷史作為背景，轉自 2017 年觀察部落的作品林蕙瑛、臺東縣卑南族民族自治事務促進發展協會的卑南王，逐漸從被觀看的方式轉而自我發聲；敘述的時空背景，從斷代史轉以全史詩方式描述。如：〈非王之王：卑南王〉從先祖登陸開始詳述，卑南王如何締造光榮的卑南族史，作者不再僅是以「他者」發聲，轉以「我群」發聲。動畫〈非王之王：卑南王〉，以「Pinadray」為主人公敘說，Puyuma 如何締造光榮的卑南族史。動畫以「非王之王：卑南王」命名，與宋龍生對卑南王的稱號的看法相同：

> 「卑南王」或「卑南大王」之稱號，不是一個皇帝封的「王位」或「官職」，但它卻是卑南族的卑南社人，從他們的歷史上的中古時代開始，憑著自己的智慧、勇氣和歷史上的際遇、地理上的條件，贏得這個尊號。它純係流傳在民間的尊稱，因此更彌足珍貴。因為充其量清乾隆帝所勳封的僅是一個「六品頂帶」，世人實在沒有必要把它附會成「黃馬掛」或「龍袍」。而到京城去見了黃帝一面，竟將它說成是獲冊封為「卑南王」，也就太過於抹煞了卑南族在歷史上種種引人矚目且極具風格特色的表現。〔註129〕

族人以 Pinadray 建立 Puyuma 的歷史，Puyuma 之所以會有「卑南王」，並非僅是去北京受封六品頂戴的 Pinadray，之後繼承 Puyuma 部落 yawan 位置的 Raera 家族後裔或女婿，也一併承襲了「卑南王」稱號。因為光榮的 Puyuma 是由於「卑南王」們的共同建立（Raera 家族後裔或女婿）。

各個文學作品都參雜了歷史與傳說，分別被不同的引用與呈現。王明珂指出歷史是建立虛擬世界重要的知識之一。歷史：指人們對過去的記憶與敘事。人們不懷疑歷史，過去真正發生的歷史，以及人們記得的、敘述的、書

〔註129〕宋龍生：《臺灣原住民史卑南族史》，頁 244。

寫的歷史。〔註130〕一如本章第一節所述，部落的口傳進入記事成為「歷史」；歷史是一回事，但他們被組構成一個「歷史」又是另一回事。傳說（口傳）、歷史（記事）、「歷史」（敘事），三者的關係，在時間的動態中，經常是相互影響。在三者相互動態影響下，形成的卑南王不論是故事、定目劇、動畫，所述說的在卑南族人心中不僅是傳說，也是歷史；Puyuma 卑南王的英雄形象，也隨動態歷史中被族人們建立流傳。

第四節　文明凝視下的「卑南王」

一、為什麼有「王」？文明化的渴望

　　從荷蘭時期迄今，經由歷史事實的爬梳，傳說的分析，乃至當代族群的介入和發聲呈現的各種觀點，讓卑南王的意像豐富多元，傳說如何被描述，各種不同的描述又是何種社會文化脈絡所形成？一直是本文聚焦的重點。

　　閱讀明清文獻的地方志和文人作品，會感受到充滿大中國的史觀思維與敘事特性，不論是分封域、規制、秩官、武備、賦役、典秩、風土、人物、外志、藝文等，處處可見此一敘事特性。古典的史學家，因為傳統文化背景和學術訓練的關係，均以中國的歷史記載和論述為正史，周遭的民族發展則以方志呈現，形成一種中心、邊陲的相對位置和觀點；特別是以前來的拓墾者為主，發展出「發現處女地」的觀點，認定自己是將邊境居民，從蠻荒之野帶入文明的開拓者，視原住民族是中國文化發展的障礙與險阻。原住民族是無文字的民族，外來書寫者的角度先設定了原住民族的社會文化為低劣的「他者」與「異族」，因而被形成當時文獻中的樣貌。〔註131〕因此卑南王角色的浮現，都以「自稱為王」、「番」人的角度去書寫，即使在歷史事件中原住民族已扮演著舉足輕重的角色，在書寫者的觀點中，原住民族仍是「居近漢人、略通人性」的「類人」而不是與已相同的「真人」，在日人眼中原住民族的地位也只是「近於文明的族群」。〔註132〕在外國人眼中，同樣也有「粗

〔註130〕王明珂：《反思史學與史學反思：文本與表徵分析》（臺北市：允晨文化出版，2015 年），頁 12～13。

〔註131〕林素珍：〈明清時代與原住民相關文獻和其史觀〉，《原住民族文獻》第四輯，第 24 期（2015 年 12 月），頁 13～18。

〔註132〕陳文德：《卑南族》（臺北市：三民書局，2010 年），封底引言。

俗的野蠻人」的印象。文獻中蠻荒刻版的書寫印象，要至現當代才逐漸獲得
翻轉與平等的對待。

　　如：荷蘭東印度公司在臺灣三十餘年期間，隨著領地範圍的擴大，接觸
島上人群也愈來愈多，其官員對不同人群的評價是以「文明化」的程度為標
準。荷蘭人的「文明人」標準，在原住民族身上有下列具體的指標：有衣物
遮身不裸露、社會階序化、明理與歸順、接納基督教、諳歐洲語言，或是熟
悉貨幣背後的商業經濟操作等。不過，所謂的「文明」與否，往往又攙雜了
當時敘述者的主觀判斷。〔註133〕對大多數荷蘭東印度公司官員而言，臺灣島
上的住民是群「粗俗的野蠻人」，與大員灣一帶的原住民族接觸、互動一段時
間後，旋即興起了馴服（temmen）當地住民的想法。卑南覓與東部平地村社
之人，雖然與荷蘭人相處在和平的狀態，荷蘭人仍認為該處人群「狂野、魯
莽」，希望能藉由地方會議給予改善。為此，臺灣議會議長歐沃瓦特亦曾在
1649年時，針對南路、東臺灣等處的住民教化工作，視為具有重大慈善意義
的行動。他認為「把如此多的野人調教得像市民般（soo veelwilde menschen
tot burgelijckheyt alleen）即是件值得讚許的慈善工作。〔註134〕

　　文明化的工程，對任何一個外來統治者來說，具有相同的思維與目的。換
句話說把「異文化者」的思想、信仰與生活方式，馴服同化成和自己一樣，是
獲得安心與安全統治的最終目標。也就是說，外來統治者要使原住民，包含卑
南社群，更「文明」一直是他們的願望與使命。文明是相對於野蠻而言，指人
類社會進步開化的狀態。文明（civilization）一詞源於拉丁文「civilis」，有「城
市化」和「公民化」的含義，引申為「分工」「合作」，即人們和睦地生活於「社
會集團」中的狀態，也就是一種先進的社會和文化發展狀態，以及到達這一狀
態的過程。〔註135〕

　　然而，文明化的力量，並不完全來自社群外部的影響，有時候，在文化接
觸的過程中，政經社會條件較弱的一方，為了取得優勢，也會興起主動接觸、
學得的新文化動力。例如南北朝時期魏孝文帝的漢化政策，清末的自強運動，
日本的脫亞入歐政策，都是來自社會內部的趨力。他們為了獲得新的力量主動
發起文明化行動。卑南社人不一定視己為「野蠻」，但是從荷蘭東印度公司進

〔註133〕康培德：《殖民想像與地方流變》，頁76。
〔註134〕康培德：《殖民想像與地方流變》，頁67～70。
〔註135〕Michael Mann, The Sources of Social Power（Cambridge University Press, 1986,
　　　　vol. 1）pp.34～41。

入後，對其所擁有的物質及其戰鬥能量，應該曾經湧起豔羨之情，而欲獲得相同的物質與能力。我們可以由卑南社歷史傑出的「領袖」，不論是在與荷蘭社共同在尋金的過程中、或是在清「朱一貴事件」、「林爽文事件」、「開山撫番」、日軍登陸東部（1896）之際，卑南社的「領袖」都扮演著重要的角色，即與外界合作的角色，顯示卑南社一向重視外在力量，物質的、知識的、政治軍事的合作與獲得。這種向外合作的態度，可以顯現卑南族社會內部存在，尋求外部文明力量的內在趨力。檢視歷代卑南王所扮演的角色，均有豐厚的「涉外」經歷，並從涉外事務之中獲得相當的利益。換句話說，他們都是見過世面的領導人，所以，他們不僅成為卑南族內部新事務新知識的仲介者，也成為積極尋求文明力量的推動者，形成卑南社或卑南族內部文明化的趨力之源。

二、驅動文明的力量：接受外來文化

17 世紀荷蘭人 Francois Valentyn，將福爾摩沙區分為四區，第四區是卑南有八社和數個村，記載「卑南王（king）」與其共管鄰近的部落。〔註 136〕1656 年 2 月馬特索柯爾（Joan Maetsuyker）東印度事務報告提及與當地首領保持良好關係，換言之「卑南王」與荷蘭東印度公司屬平行關係，並非臣屬關係。1722 年，黃叔璥在他的《臺海使槎錄》記載，卑南覓社「番長名文吉，達裡、武甲等七十二社，歲輸正供銀六十八兩零。」由此可見卑南王之稱最早應是民間的說法。一如 16 世紀臺灣島中部即存在一個跨族群的大部落，記載大甲溪以南的村社是由一位叫大肚王（Quata Ong）的領袖所統轄。〔註137〕「大肚王」一詞，荷蘭文獻記載為 Quataongh。經學者考證：Quata 為福佬語的「番仔」，ong（h）則為「王」。〔註138〕「大肚王」之所以稱為「王」，應與當時在臺灣西部活動、操福佬語的唐人，以其對「王」的認知，套在一位具有權力、地位的原住民人物身上有關。〔註139〕

〔註136〕甘為霖：《荷據下的福爾摩莎》，頁 12。

〔註137〕1638 年《臺灣城日記》，1644 與 45 兩年《巴達維亞城日記》，記載荷蘭人從中國海盜得到情報，在臺灣島中部馬芝遴地區（彰化縣福興鄉一帶與淡水鎮之間）有數個村社，其中大甲溪以南的村社是由一位叫柯大王（Quata Ong）的領袖所統轄。

〔註138〕《巴達維亞城日記》將 Quataongh 中譯為「柯達王」。翁佳音：翁佳音：〈被遺忘的原住民史—Quata（大肚番王）初考〉《異論臺灣史》（臺北市：稻鄉出版社，2000 年），頁 60。

〔註139〕康培德：〈環境、空間與區域：地理學觀點下十七世紀中葉「大肚王」統治的消長〉，《臺大文史哲學報》第五十九期（2003 年 11 月），頁 100。

　　前述各章節的討論中可發現，漢人其實很早進入到後山，如：荷蘭時期即有曾在 Pinamba 和其他地方，連續遊走了 14 年的中國人告訴荷蘭，從水路去較容易，〔註140〕可見漢人很早來到後山，因此當荷蘭人展開探金行動時，漢人即擁有擔任荷蘭人的領航員與通譯官的能力，帶著荷蘭人到後山巡查、探險，這些無名的漢人們，不論在荷蘭時期或清領時代，一批批的到達後山，偷越定界，所以在《熱蘭遮城日誌》和其他清代方志中，都隱約可見甚至是清楚記載他們的身影，這些漢人融入後山原住民各村社，娶番婦甚至是娶頭目女兒為妻後，由於比原住民們精通漢語、瞭解經商方式，自然而然地成為後山各地的貿易商，掌握著前、後山的交易行為，他們自己或是後代甚至有機會成為村社的頭人，如：鄭尚、陳安生及其子孫就是明顯的例證。

　　十七世紀荷蘭文獻臺灣原住民族部落強人的描述，除「大肚王」與「瑯嶠領主」外，還有位於臺北盆地內基隆河沿岸的里族〔Retsyock 或 Litsoeck〕，其首長〔opperhooft〕Penap 為統治十二個村社的要人；居民與其講話的態度，如對神明一般。荷蘭文獻僅以「統治者」〔overste〕稱之。對卑南人物的記載，也僅止於前述「主政者」或「首領」〔capiteyn〕等詞稱之。〔註141〕

　　綜上，推測「卑南王」可能與「大肚王」一詞相同，最早可能是由漢人喊出。也就是地名「卑南」＋「王」，「王」指的是大人物的概念，或是「王」指一個地方的首領，因此常在一些場合都是指「最大、最重要」的象徵。然而為什麼會在民間傳成「王位」呢？乾隆當時的封賞官位最高只達「六品頂帶」，距離口傳所說「受封為王」的官階還很遠。特別是在沒有「王」的概念原住民社會中產生，很值得探究。「王」是抵抗外力促成的跨部落組織？還是，為了獲得新資源組成的跨部落組織？還是，在與外力互動的過程中，也發展自己的社會，也成為獲得新資源的社會組織？這或許回應了美國人類學家羅伯特‧卡內羅（Robert L.Carneiro）認為由於地理環境的限制，面對人口增長及更多生存資源的需求，擴張及資源競爭，會促成跨部落、更嚴密的社會組織及階層化的社會體系出現，以利統治者獲得與控制。這樣就導致在內

〔註140〕　在福爾摩沙東岸跟山區交易的中國人對荷蘭指稱，「從瑯嶠再過去三日路程的山裡有黃金」，有一個在瑯嶠地區，曾在 Pinamba 和其他地方連續遊走了 14 年的中國人告訴荷蘭，從水路去較容易。江樹生譯註：〈熱蘭遮城日誌／I-H／1636-04-11〉。

〔註141〕　康培德：〈環境、空間與區域：地理學觀點下十七世紀中葉「大肚王」統治的消長〉，頁 101。

部出現了階級，其中由統治者控制少的資源。〔註142〕

　　從歷史的縱深及當時的社會結構關係交互分析，可發現漢人在後山歷史上的特殊地位；即使在封山設界下，漢人和後山交易還是得透過「卑南王」，甚至藉由卑南王的力量進入後山，卑南王所轄的區域也宛如一個王國，由其一統七十二社相傳鄰近的族群都得向其納貢、賦稅。對於來此的漢人可深刻感受到，宛如王國般的有位統治者，是一個清楚存在的社會實體。卑南社內部自從與荷蘭接觸，外來者帶入各式各樣的外來「文明」的新物新知，如槍枝、香菸、軍事作戰方法等，清代透過水路或者陸路，到東部交易的人數日增，民間的社商或者私出貿易者，也常用蟒甲載貨進入番社，用布、煙、鹽、鍋釜、農具與其貿易。口傳卑南王曾在屏東水底寮一帶經商，並將農耕技術及器物帶回後山，甚至如牛車等也引進卑南社，奠下雄厚的經濟基礎。這些外來的文化讓卑南族人有煥然一新的視野。

　　日治時期，伊能嘉矩認為：由於與漢人往來頻繁，特別是居臺東平原的卑南部落已使用銀貨從事山產販賣。「平地」部落的農業也發達，以水牛耕耘水田使用的農具無異於漢人。加上臺東地方有豐富的森林資源，卑南族伐木供給製作、鋤具或牛車燒製木炭也相當發達，未來是一項可觀的產業。位於「山地」附近的部落，皮革技術發達，裁縫也比「前山」進步。〔註143〕

　　早在有「卑南族」族稱之前，生活在臺東平原上的卑南社群，各自有生活領域，彼次間在不同時間有著不同之關係，在歷史上的進程分分合合。根據《臺灣高砂族系統所屬の研究》，卑南族的構成主幹是南王、知本、利嘉、建和等四村。其他村落可能是分支或與外來系統混合而成的。族群並不是客觀事物，是由人界定和劃分的，有很大的伸縮性。族群身份有時是自我界定的，有時則是外在決定或「被劃分」的，為了謀求群體團結、抵抗歧視、爭取政治經濟權益、自我標榜炫耀等等。不論是卑南社內部或是知本社群，在多次的政權轉換下，卑南社取得「王」的管理權，因此伴隨著相關的傳說，也都因此解釋為何卑南社能成為「王」，而失去力量的社群中，也流傳為何沒有「王」的傳說，兩者合理解釋卑南社的領導成為「卑南王」。同時關於「Puyuma」由來的多種傳說文本，最強調的是含有「集中力量，團結合作」

〔註142〕韓東屏：〈國家起源問題研究〉，《華中師範大學學報》第4期（2014年）。
〔註143〕伊能嘉矩‧粟野傳之丞著，傅琪貽（藤井志津枝譯）：《臺灣蕃人事情》（臺北市：原住民族委員會，2017年），頁34。

的深意。因此在與外力互動的過程中，「卑南王」的形成，也成為發展卑南社群新資源的社會組織。

學者認為卑南族在文化的表現上呈現相當複雜的樣貌。除了內部歧異性之外，卑南族與外部的異族和外來統治族群的頻繁接觸，而呈現出「漢化」、「不具個別特色」、「混合性」的特質。〔註144〕也就是在文化上則呈現出與鄰近的阿美、達悟、排灣文化相近的特色。從卑南王傳說可看出，卑南族人與國家政權的關係，順應而靈活。這樣的特質除了根源於原有文化中，對於他者的接受度極具彈性，如會所、karuma（H）an 的神擇原則。歷史接觸過程中對於資源掌握能力較佳的條件，也讓卑南族在現代生活中展現出秀異的表現，如音樂、舞蹈、政治、學術等領域，都有卑南族人居於優越的地位。

卑南族人自己當下可能都沒有意識到文明化的這一件事情，但是，當看到外來力量的好處，就去合作、學習交易，獲得那樣的力量，因此可將視為想要獲得進步的力量，也就是文明的力量。到了當代，卑南王或卑南王時代成為一種光榮的歷史，是一種進步的成就，超越其他族群的成就，是可以看作與別人不一樣的文明化成就，懷抱這一份歷史成就感，又進一步成為當代卑南族人社會維繫、認同內聚的力量，文化資產化的故事轉化為藝術表演領域的主題。

三、「卑南王」造就的文明：農業王國的建立

臺灣東部素稱後山，叢山峻嶺穿越維艱、原民馘首致行旅裹足、斷堐逼岸封鎖往來、有海無港海運難通、政策上劃山封界嚴禁漢人逾越，長期以來無法跟臺灣西部同步發展，變成孤立而難以連絡的另一個世界。〔註145〕除了地緣關係外，特別是國家的力量，也成為影響東部發展的一個外部因素。〔註146〕施添福指出東臺灣相對臺灣西部宛如孤立的「陸上離島」，不但創造了「另一個世界」，複雜的族群關係是孤立世界中的「並存的小世界」。〔註147〕自荷蘭

〔註144〕 衛惠林、陳奇祿、何廷瑞：〈臺東縣南鄉南王村民族學調簡報〉，《考古人類學刊》第 3 期（1954 年），頁 14。

〔註145〕 施添福：〈臺灣東部的區域性〉，主編夏黎明、呂理政：《族群、歷史與空間東臺灣社會與文化的區域研究研討會論文集》2000 年，頁 2～5。

〔註146〕 孟祥瀚：〈東臺灣國家與族群之歷史研究的回顧〉，《東臺灣研究》21：55～74，（2014 年），頁 57。

〔註147〕 康培德：〈卑南人與荷蘭東印度公司的後山統治〉，《臺灣文獻》57：2（2006年），頁 1～43。

時代以來，各個國家力量在面對和處理東臺灣，空間阻隔的自然和人文因素，進而成為引導臺灣東部歷史發展，及塑造社會和文化特色最重要的原動力；空間的孤立性，讓擁有實質治權的「卑南王」，創造出明、清時代一統後山七十二社的盛世。〔註148〕

民間傳說此地有個「卑南王」、「卑南王統治後山」。荷蘭文獻不斷出現的「pimaba」，應是漢語所謂的「卑南覓」，也就是漢語中的「卑南社」（puyuma）。「卑南覓」可能是族語「puyuma mi」們的人稱代詞。表示「我們都是 puyuma 人」的意思，「mi」是複數（我們）的人稱代詞。〔註149〕有人推測，「puyuma」這個字的詞根，可能是「uma」，田地的意思。按卑南語構詞的規律，前「pu」乃表示位移的使役動詞。換句話說「pu-uma」有「讓人種田」的意思。〔註150〕由此可見，卑南社強大的力量表現於建立農業生產型態。

按照以經濟為主的分期法，過往卑南族的生業發展過程，大致可劃分出三個重要的時期，（1）狩獵及根莖作物為主的農作時代（2）狩獵及以小米和陸稻為主的時期，（3）引進水稻後，以水田耕作為主的時期。從傳說即可推知生業發展過程與外界接觸得早有關，如傳說：卑南王比那賴 Pinadray 婚入水底寮，帶回農業技術；也有傳說卑南王邀枋寮鄭尚至後山講授耕種之法，〔註151〕由於農業的進入，創造卑南族的經濟發展，也讓「卑南王」的名聲更加顯赫。〔註152〕

約在清朝道光年間，卑南社就開始接受了水田耕作的技術，轉以稻米為主的生業體系〔註153〕。其他原住民族群大都遲至日治時期才接觸水田耕作，相較之下卑南族顯然較早了許多，且就接觸的態度上來說，卑南族可謂採取主

〔註148〕 鄭瑋寧：〈族群、歷史與空間：一個人類學角度的思考〉主編夏黎明、呂理政：《族群、歷史與空間東臺灣社會與文化的區域研究研討會論文集》（臺東：國立臺灣史前文化博物館，2000 年），頁256。

〔註149〕 孫大川：《BALIWAKES 跨時代傳唱的部落音符：卑南族音樂靈魂陸森寶》（宜蘭縣：傳藝中心，2007 年），頁10。

〔註150〕 長期精研卑南語的陳雄義（sigimuLi，79 歲）先生的創見。另參考石德富《臺灣卑南語構詞法研究》（北京：中央民族大學博士班論文，2004 年），頁31～32。轉引自孫大川：《BALIWAKES 跨時代傳唱的部落音符：卑南族音樂靈魂陸森寶》（宜蘭縣：傳藝中心，2007 年），頁12。

〔註151〕 林玉茹：《殖民地的邊區東臺灣的政治經濟發展》，頁264。

〔註152〕 林玉茹：《殖民地的邊區東臺灣的政治經濟發展》，頁264。

〔註153〕 宋龍生：《南王村卑南族的社會組織》（臺北市：臺灣大學考古人類學研究所，1965 年），頁118。

動，不像其他族群是在日本政府的提倡下被動或被迫接受〔註154〕。以農業為
經濟主導的社會，也創造出相對優勢的經濟，農業生產的相對定居，農業勞動
的季業性特點，保證了經濟文化的相對穩定性和連續性；提供更多的閒暇時間
從事科學發現與文明創造，促使了物質文明和精神文明的積累。邁入農業社會
也影響了族人對卑南王的觀點，如：卑南族人陸森寶創作歌曲〈卑南（大）
王〉，描寫祖先「卑南（大）王 Pinarai」教導如何農耕和插秧豐功偉績。歌曲
中「Pinadray（卑那來）」被冠上「王」的榮耀，被讚頌的並不是善戰，也不
是受清廷之封，是拓墾、帶入農耕新方法，提升了族人的生活。

小　結

「文明」是怎麼樣地影響著外來的人看東臺灣地區，「文明」是怎麼樣的
牽引卑南族人和外人合作並取力，「文明」又是怎麼使卑南社人區別自己與其
他原住民族等等。從各種觀察可發現：由描述的外人角度來看，歷史過程中
的卑南族人顯現了比較願意與外人合作、學習外界新知的人群，且學有所得，
所以讓歷來政權均產生「接近比較文明的人」的印象。若外族人描述的現象
是可信的記錄，印證許多民族誌資料，描述卑南族是所有現今原住民族群中
漢化較深的族群的說法來看，反向理解卑南族人方面，顯然在向外文化學習
的態度上是呈現積極主動的角色，換言之，具有追求文明化的主動積極性，
所以文明化意圖與卑南王現象生成，似乎存在若隱若現的關係。此一態度與
關係，特別能從傳說卑南王年輕時曾去枋寮做生意，學會農耕的技術帶回卑
南的事例看出。

民間傳說往往具有地方性或族群色彩，也會隨著時代的轉變而產生變
異；人物傳說主要表現英雄人物的神奇的出身、不平凡的經歷、為民除害的
事蹟。如黃帝軒轅氏、炎帝、帝嚳、堯、舜、禹等，他們常處於半神半人的
狀態，應是當時著名的部落聯盟首領。中國古代傳說裡儘管有後人不斷加工
的成份和神話內容，也有後人的臆想和迷信，但在反映原始社會的某些特點
方面，在一定程度上是接近於歷史真實的。早在荷蘭時間，卑南（pimba）地
名即已出現，「卑南王」歷史上真確的出現，最遲可推至清朝時期朱一貴事

〔註154〕黃應貴：《時間、歷史與記憶》（臺北市：中央研究院民族學研究所，1988 年），
頁 304～311。

件，得卑南大酋長之助，捕獲王忠等人。因此可以判斷卑南的地名早於「卑南王」。然，卑南地名傳說由來，人們大多選擇因為有位「卑南王」，可見卑南王的傳說受民眾的認同。從最初的歷史事實到口傳，人們結合其他各項功業與事蹟，將「卑南王」轉化為傳說，口耳相傳根植於人們心中，最後發展成為歷史人物。可看出傳說人物從民間的「口傳」過程，被記載為歷史，成為歷史人物，這其中的發展似乎有一定的規律可循。

　　「傳說變遷的一面」，不在告訴我們歷史真相、更非所謂「惟一真相」。探討卑南王的傳說變遷，並非從單傳的史料排比、資料堆砌，而是從中觀察在某個時代，傳說如何出現、它怎麼說、又如何被引用放大，成為歷史史料。民間敘事文本的形成，在於講述人把自己掌握的有關傳統文化知識，在具體交流實踐中加以講述和表演的過程中，這一過程往往受到諸多複雜因素影響，因而塑造了不同的、各具特點的民間敘事文本。〔註155〕現今口傳除受文化復振之影響，各種改編民間文學方式常因應而生，成為文化傳承無疑是項新途徑，其中的「異質性」代表著不同的生活模式，不同的文化觀點，不同的生命價值。臺灣是典型的「海島型移民社會」，歷經荷據、明鄭、清領、日治等時期，時至今日已演化成為族群共生的繁榮景象。在這樣的時空背景下，我們所身處的臺灣對於外來文化接收度相當高，也造就了社會中容許有「異質性」存在的客觀條件。透過「說」與「再說」各種展演形式的〈卑南王〉融合了多種元素，使得〈卑南王〉的故事「古今皆宜」、「原漢相容」，「新舊世代」都可接受。歷史上的卑南王傳說，相對當時的政權中心而言，隱含著新的力量發展與轉換。現當代卑南王在「傳說復振」與「傳說創造」彼此不斷交錯，也展現出卑南王不同的面貌。

〔註155〕楊麗惠：《現代口承神話的民族志研究：以四個漢族社區為個案》（西安：陝西師範大學出版總社，2008 年），頁 75～103。

第六章　結　論

　　「卑南王」是一段歷史記憶的層積。十七世紀臺灣島具有權力的諸「王」
中，最特殊的應屬「卑南領主」。「卑南領主」在荷蘭人離開後，並沒有消失，
反而得到特殊的發展機緣。他們接續成為清朝的「大土官」，協助大清帝國平
定朱一貴、林爽文等重要事件。後來更得到「入京瞻覲」接受官方賞賜後的
機緣，從此「卑南大王」封號不脛而走。封官之實為什麼會發展成封「王」
傳說？

一、「卑南王」的出現

　　十七世紀的臺灣東部宛如孤立的「陸上離島」，「陸島」上複雜的人群關
係中其實是「並存」多個小世界，但是，卑南社跨越並存的藩籬創造了「另
一個世界」，一個跨部落體系，有人視為「王國」，有人視為「聯盟」，並持續
了三百年。從流傳的「卑南王」傳說中似乎即可看出，當時因「天時、地利、
人和」的條件，幾乎已經讓後山隱約形成了一個政治實體，近三百年來歷史
實況與民間傳說交錯演譯，使臺東平原上增添不少熱鬧。東臺灣的區域孤立
性，讓外來力量鞭長莫及，為在地人群保存了自我發展的機會，因而造就「卑
南王」的出現。回溯歷史發展，荷蘭東印度公司對東臺灣的政策態度，是影
響卑南社領導人能被稱「王」的關鍵力量。「小國寡民」的 Puyuma 部落，發
展成為稱霸一方的「王」，荷蘭時期成立東部地方會議區，是關鍵的歷史機
緣。卑南社結合擁有新文明力量的荷蘭東印度公司，統治勢力能夠北及今日
臺東縣長濱鄉，南至大武鄉，西北至鹿野鄉，在不同的人群間，建立起跨越
族群的統治，形式接近邦聯社會的型態，或是稱為部落聯盟更為貼切。「他」

不僅成為卑南族內部新事務新知識的仲介者，也成為積極尋求「文明」力量的推動者，形成卑南社或卑南族內部文明化的趨力之源。「他」實際上不是「王」，何以成為民間傳說中的王呢？分析有關卑南王傳說，認為在「時勢造王」下促生了卑南王傳說的動能。

「卑南王」的崛起有其歷史背景；卑南王的傳說其實回應民間在進入國家治理之前，對東臺灣的政治想像。自荷治時期以來，各時期的政權都想進入開發，卻又無力治理，民間至後山不論是開發貿易，需要一個強有力者或系統，以獲得安全與利益的保障。卑南社在每一次的政權更替，都成功的轉換被征服者的弱勢角色，並逐漸成為東部區域最強盛社群，也因而「順勢成王」。

「王」，是民間對有勢有力者的描述，「卑南」非封號，是地名。它來自於這個政治實體系統的中心部落「卑南社」，「卑南」可能源由「puyuma」的譯音。從這個名字的運用來看，「卑南覓」一詞曾是東部地方空間的總稱，「卑南」＋「王」則是指一系列出現在歷史中的英雄人物。即使卑南王的時代結束後，他的後裔遷到新的聚落時，仍以「南王」為名，紀念曾稱霸一方的「卑南王」。這說明了卑南王傳說持續存在於當代社會的原因：「需求造王」。在傳說中英雄往往具有勇武超人的能力，或很強的人格魅力，曾創造具有重大意義的事，受民眾擁戴。分析心理學所指的「英雄」，是指符合大眾潛意識和心理需求，受到信賴的領導者。人群認同的維繫需要英雄或英雄的故事。過往面對自然環境、外來勢力、經濟變遷等等，卑南族人需要一個「英雄」來領導，抵抗外來勢力、帶進農業改善生活、適應外來者帶入外來的「文明」。當代卑南族，在人口不多，漸與他族混居，生活空間日益減縮，維繫社群認同，更需要「英雄」，特別是歷史上出現過的英雄。「需求造王」的傳說（不論是部落流傳的，或是漢人民間流傳的）均有助於認同的維繫與強化，更可轉化為可資利用的文化資產。

二、現實世界中的卑南王

探究官方的記載，解析民間傳說，找尋社會文化脈絡，讓我們可以更深刻的去瞭解現實世界中的「卑南王」。藉由官方的記載、民間的傳說觀察各「卑南王」文本所表現的歷史情景，審視「卑南王」文本所表呈現的歷史情節與情景，為的是要瞭解的「卑南王」傳說，呈現多少歷史情境和卑南王的實相。

　　臺灣東部很早就有人群在此地生活，早在有卑南族稱之前，生活在臺東平原上的卑南各社群，各自有其生活領域，彼此之間的關係在不同時期也有不同的競合關係。荷蘭時期的卑南（Pimaba），記載有八社和數村，「卑南王」（king）就是居住在此。卑南的居民勇武善戰，比福爾摩沙其他各族都更擅長使用武器。卑南王本人也被視為勇士，身邊永遠有侍衛。當時的「卑南王」與荷蘭東印度公司應屬平行關係，並非臣屬關係。清代描述的「卑南覓」是臺灣東部古稱，今日稱為「阿美族」、「排灣族」、「魯凱族」等都曾居住於此地。「卑南覓社」是當時最具勢力的部落，統轄之地域範圍廣闊，以七十二社稱之。出任巡臺御史的黃叔璥記載，卑南覓社「番長名文吉，達裡、武甲等七十二社……」在短短六、七十多年，清代初期卑南社即已從屬數村到一統七十二社；此時還未至北京受封，可見一統七十二社的傳說出現，未必是與受封為「王」（官）的事情而生。

　　從這些文本紀錄中，似乎還是不能充分的知道「卑南王」的「真相」；就以他的出身來說，從卑南人到具漢人血統的說法並陳。從傳說發生的時間來看，從唐代到清代，跨越了很長的年代。從傳說的活動圈來看，更廣及臺灣東部到中國大陸北京。我們應該如何面對這些多樣分歧的資料呢，或者如何看待它們呢？Sturtevant 曾說：「歷史追求獨一的事件和研究「如真」的過去，使它見不到整個森林，使其侷限於建立詳細可用的文件一覽表而已，因有感於此困局，乃轉而求助於人類學。人類學者，雖然缺乏能找到的許多文件，對整個森林早已建立了模式去解釋被孤立和凍結的樹木，但是，為了檢測和純化他們的模式。也依次開始去檢証詳細的、精密觀察的歷史証據。」〔註1〕這一段話，清楚的指出了學門研究的差異性，尤其是對歷史事件所採取的研究視點和分析方法。

　　那麼歷史過程中的「卑南王」「真相」是什麼呢？其實到目前為止，對「卑南王」的歷史，所知仍有限。嘗試以歷史分期探討各階段的「卑南王」的特性以及觸發的變遷，甚至分析「卑南王」和鄰近各族關係變化的歷史過程，但仍感瞭解與描寫尚不夠深入。關於「卑南大王 Pinadray」是不是清朝所封者的議題，有學者認為這並不重要，但是，仍可以重建出「卑南王」對卑南族人社會文化造成的變遷與影響。在研究中發現，卑南社的「領袖」，

〔註1〕　Sturtevant, William C. "Anthropology, History, and Ethnohistory." Introduction to Cultural Anthropology:Essays in the Scope and Mathods of the Science of Man. Jasmes A. Clifton ed. pp:451~475. Boston:Houghton Mifflin Company. 1968.

無論是在過去歷史發展的不同階段變遷中，均扮演了重要具影響力的角色，影響著卑南社的發展。有趣的是，不論文獻紀錄中的稱謂如何的不同，例如：荷蘭人眼中為「king」，清領時期稱「酋長」、「大土官」、「頭目」、「總通事」等，日治時期是「頭目」，在民間傳說中卻都是以一個最直接通俗的稱謂「卑南王」流傳其事蹟。與歷史事實相異的民間敘事是歷史敘述的另一面相；民間傳說敘述的內容是民眾的「眼」去看的歷史，無關真實。民間傳說更可以由社會文化的角度去領會民間傳說所具有的特殊性。傳說和歷史事實的關係並非必然，但從傳說的內容，可以發現對歷史的出現、衝突、盼望、以及不平，傳說本身常常提出了自我的「詮釋」和「解決」。

三、傳說想像中的卑南王

傳說所具的傳奇性一方面配合了歷史性，使它呈現出真實可信的形態，另一方面又使歷史現象藝術化；傳奇性的特性讓其更能反映歷史的本分，另一端又與文學相近，有時似乎已融於其中。〔註2〕如：「卑南王」在歷史時期擔任「酋長」、「大土官」、「頭目」、「總通事」，並分別在不同時期被外來治權委以擔任地方「收稅」者的角色。陳英寫下「有一番，稱為卑南王」中，記「凡有射鹿、殺牛、宰豬者，必送一足與卑南王，名為「解貢」。……」最能顯現收稅（貢）者的角色，但誇大了某種程度。民間傳說中卑南王，因龍袍的獲得，具有非凡的力量，不論是與天具有，或是統治者賜予。兩者都描述卑南王權高力大，民間傳說將卑南王的歷史傳奇化、藝術化，融入現實生活中，具有推動傳說發展的作用。民間傳中的卑南王在漢人、卑南人、及其他人群等，都有不同的想像與影響，從傳說中可觀察到他們對「卑南王」各別的解釋與感受等，有更清淅的真相浮現。例如在民間漢人：充滿「化外之地」的想像，卑南族人：一個農業文化英雄的想像，其他人群：強悍霸道、巫術很強的想像。

想像的作用不只見於歷史演變的過程中，卑南王的傳說在當代生活之中，對卑南族族人，對南王社人，對原住民，甚至對非原住民系的族群人士而言，也因想像的作用各別具有意義。傳說在民眾的日常生活中，除了娛樂性之外，更是對自我、族群、社區的認同具有積極的作用，促進與強化了共同體的想像。

〔註2〕萬建中：《新編民間文學概論》，頁117。

四、真實與想像之間

　　「文本」的意義在與「文本」與「情境」的相互詮釋。文本產生於情境中，情境也在文本中浮現。若將文本視為一種表徵，情境則為社會現實本相。卑南王傳說的「文本」在歷史過程中，透過各種敘事模式將語言更深沉的文化符號植入，影響到人們的歷史記憶建構與各人對外界事物的經驗反應之中。同時在「文本」中，相關「情境」得到強化，「情境」影響個人經驗的建構，也影響同在社會情境中人們的集體行為。「卑南王」傳說以各種樣貌敘說從前的歷史。歷史與傳說交叉在各文本中被引用與呈現，讓人們難以分辨是「歷史」還是「傳說」。卑南王傳說故事的浮現，卻似乎又隱含了新的歷史觀的形成，強化自我主體性論述。

　　故事是一種「再經驗」（re-experience）。把過去某個經驗帶到此時此刻，以不同的角度重新理解，因而產生新的詮釋與感受。故事一旦與當前心境及社會脈絡相呼應，即能引發心理共鳴。卑南王傳說逐漸成為當代文學家、藝術工作者創作的靈感泉源，從「文字」加入「圖像」、「音樂」、「舞蹈」等，使得口傳不再只是單一形式，無形之中成為共有的歷史記憶與文化資產。

　　傳說往往具有地方性或族群色彩，也會隨著時代的轉變而產生變異；法國學者哈伯瓦赫（Halbwachs）探討集體記憶時認為，集體記憶並非先天賦予，而是一種社會性建構的概念。記憶有兩種，個人生命歷程的記憶產生於人們親身經歷過的各種事件，歷史性的記憶則透過書寫傳述或照片的具體紀錄以及慶典等社會活動來儲存。現今卑南族人運用既有資源進行文化復振或是再創的運動中，重新的恢復了許多「傳統」，或是「創新的傳統」。「卑南王」傳說也是如此，在族人的共同記憶下，「他」是一位影響卑南族發展深遠的「英雄」；因為他帶入農業，因為「他」從此一統後山七十二社，因為「他」周遭向他納貢稱臣，因為「他」為族人排解難題。一如孫大川所言，「從第三人稱的異己論述，到第一人稱的自我開顯；從言說的歷史，到書寫歷史的創造；原住民走來，雖然步履蹣跚，但是，我們相信千百年來馳騁在這塊島嶼上堅強的祖靈意志，必能「帶領我們跨越世紀的門檻」。〔註3〕人們心中的歷史記憶，可來自社會性集體建構，也可來自人們片段的記憶與敘事，傳說的構成也可成為歷史。「卑南王」在：「真實——歷史」與「想像——傳說」間，建構出人們自己的「歷史」。

〔註3〕孫大川：《夾縫中的族群建構》（二版）（臺北市：聯合文學，2010年），頁96。

　　透過研究體會，真實的「卑南王」是卑南社的傳統領導人之一。這個領導人是依照卑南族傳統的社會習慣所產生，在卑南社內他依照卑南社的或卑南族的規範產生、並執行領導任務。但是，面對或接觸真實的卑南王過程中，不同的接觸人群，因自己所獲得的資訊，結合自己的利益想望，或者純粹說故事的需求，在卑南王真實的身份上賦予了許多添加的素材，所以形成多樣多貌的卑南王形象。真實與想像像是兩面對照的鏡子，或是三稜鏡。若能掌握夾在鏡中的物件實貌，我們就可以理解鏡中反射看似無穹無盡的物相反射。理解各方人群對卑南王何以會有各式各樣不同的描述、認識和心理反應。或許，在卑南王真相尚不明確之際，我們透過對兩面鏡的對照及三稜鏡結構的理解，多少能推估出居於鏡中的實物（卑南王）的一些樣貌實況。

　　但，不論如何，卑南王的歷史真相追求，反應的社會文化意義，或是重新帶起的文學發展可能，都是值得我們細讀研究的對象。「卑南王」傳說可做為學術的探索發展，做為文化資產發展社會文化認同，做為文學題材繼續滾動文學創作，作為民間口傳，因應社會發展需求，創造新的情節與慰藉力量。

參考書目

一、**古籍**（依作（編）者姓氏筆劃排序）

1. 王之春：《清朝柔遠記選錄》（臺北市：臺灣銀行經濟研究室，1961 年）。

2. 王元稺輯：《甲戌公牘鈔存》（臺北市：臺灣銀行經濟研究室，1959 年）。

3. 川口長孺：《臺灣割據志》（臺北市：臺灣銀行經濟研究室，1957 年）。

4. 余文儀：《續修臺灣府志》（臺北市：臺灣銀行經濟研究室 1962 年）。

5. 沈有容：《閩海贈言》（臺北市：臺灣銀行經濟研究室，1959 年）。

6. 汪榮寶：《清史講義選錄》（臺北市：臺灣銀行經濟研究室，1966 年）。

7. 李鴻章：《李文忠公選集》（臺北市：臺灣銀行經濟研究室，1961 年）。

8. 沈葆楨：《福建臺灣奏摺》（臺北市：臺灣銀行經濟研究室，1959 年）。

9. 周璽：《彰化縣志》（臺北：文建會，2006 年）。

10. 周鍾瑄：《諸羅縣志》。（臺北市：臺灣銀行經濟研究室，1962 年）。

11. 吳贊誠：《吳光祿使閩奏稿選錄》（臺北市：臺灣銀行經濟研究室，1966 年）。

12. 范咸：《重修臺灣府志》（臺北市：臺灣銀行經濟研究室，1961 年）。

13. 郁永河：《裨海紀遊》（臺北市：臺灣銀行經濟研究室，1959 年）。

14. 唐贊袞：《臺陽見聞錄》（臺北市：臺灣銀行經濟研究室 1958 年）

15. 陳培桂：《淡水廳志》（臺北市：臺灣銀行經濟研究室，1963 年）。

16. 高拱乾：《臺灣府志》（臺北市：臺灣銀行經濟研究室，1960 年）。

17. 連雅堂：《臺灣通史》（臺北市：臺灣銀行經濟研究室，1955 年）。

18. 黃叔璥：《臺海使槎錄》（臺北市：臺灣銀行經濟研究室，1957 年）。

19. 黃逢昶：《臺灣生熟番紀事》（臺北市：臺灣銀行經濟研究室，1960 年）。

20. 鄧傳安：《新竹縣志初稿》（臺北市：臺灣銀行經濟研究室，1959 年）。

21. 劉良璧：《重修福建臺灣府志》（臺北市：臺灣銀行經濟研究室，1961 年）。

22. 劉銘傳：《劉壯肅公奏議》（臺北市：臺灣銀行經濟研究室，1958 年）。

23. 蔣毓英：《臺灣府志》（臺北市：臺灣銀行經濟研究室，1977 年）。

24. 藍鼎元：《平臺紀略》（臺北市：臺灣銀行經濟研究室，1958 年）。

25. 藍鼎元：《東征集》（臺北市：臺灣銀行經濟研究室 1958 年）。

26. 羅大春：《臺灣海防並開山日記》（臺北市：臺灣銀行經濟研究室，1972 年）。

27. 臺灣史料集成編輯委員會編：《清代臺灣關係諭旨檔案彙編》第二冊（臺北：文建會、遠流，2004 年）。

28. 臺灣銀行經濟研究室編：《同治甲戌日兵侵臺始末》（臺北市：臺灣銀行經濟研究室，1959 年）。

29. 臺灣銀行經濟研究室編：《清高宗實錄選輯》（臺北市：臺灣銀行經濟研究室，1964 年）。

30. 臺灣銀行經濟研究室編：《海濱大事記》（臺北市：臺灣銀行經濟研究室 1965 年）。

31. 臺灣銀行經濟研究室編：《雍正硃批奏摺選輯》（臺北市：臺灣銀行經濟研究室 1972 年）。

二、專著（依作（編）者姓氏筆劃排序）

1. 王河盛等纂修：《臺東縣史・人物篇》（臺東：臺東縣政府，2001 年）。

2. 王學新譯著：《日據時期東臺灣地區原住民史料彙編與研究》總督府檔案專題翻譯（一）原住民系列之一，（南投市：臺灣省文獻委員會，1998 年）。

3. 中村校志：《荷蘭時代臺灣史研究上卷概說產業》（臺北市：稻鄉出版社，1997 年）。

4. 甘為霖英譯／翁佳音校訂：《荷蘭時代的福爾摩沙》（臺北市：前衛出版社，2017 年）。

5. 巴代：《最後的女王》（新北市：刻印文學生活雜誌出版，2015 年）。

6. 古野清人（葉婉奇譯）：《臺灣原住民的祭儀生活》（臺北市：原民文化，2000 年）。

7. 田代安定：《臺東殖民地豫察報文》（臺灣總督府民政部殖產課，1900 年）。

8. 伊能嘉矩、粟野傳之丞著：《臺灣蕃人事情》（臺北市：原住民族委員會，2017 年）。

9. 宋龍生《臺灣原住民史·卑南族史篇》（南投市：臺灣省文獻委員會，1998 年）。

10. 吳密察：《臺灣史小事典》（臺北市：遠流出版公司，2000 年）。

11. 杜福安：《漫畫臺灣歷史》（臺北市：玉山出版社，2002）。

12. 村上直次郎（原譯）、程大學（中譯）：《巴達維亞城日記第三冊》（臺中市：臺灣省文獻委員會，1990 年）。

13. 孟祥瀚纂修：《臺東縣史·開拓篇》（臺東：臺東縣政府，1997 年）。

14. 林美容等纂修：《臺東縣史·漢族篇》（臺東：臺東縣政府，2001 年）。

15. 林玉茹《殖民地的邊區：東臺灣的政治經濟發展》（臺北市：遠流出版，2007）。

16. 姜祝山、孫民英、林娜鈴撰文：《臺東南王社區發展史》（臺東：臺東縣臺東市南王社區發展協會，2016 年）。

17. 洪敏麟整修：《臺灣省通志》（卷八，同冑志魯凱族·排灣族·卑南族篇）（臺中市：臺灣省文獻委員會，1972 年）。

18. 洪文傑《大航海時代瑯嶠地區的開發與社會變遷 1624～1895》（國立屏東大學社會發展學系碩士論文，2015 年）。

19. 施添福：《清代臺灣的地域社會：竹塹地區的歷史地理研究》（新竹市：新竹縣政府文化局，2001 年）。

20. 康培德：《殖民想像與地方流變》（臺北市：聯經出版社，2016 年）。

21. 康培德著：《臺灣原住民史政策篇（一）（南投市：國史館臺灣文獻館，2005 年）。

22. 翁佳音、黃驗：《解碼臺灣史 1550～1720》（遠流出版，2017 年）。

23. 夏黎明、王存立、胡文青著《你不知道的臺灣古地圖》（臺北市：新北市：遠足文化，2014 年）。

24. 陳奇祿：《臺灣土著文化研究》（臺北市：聯經出版社，1992 年）。

25. 陳文德編纂：《臺東縣史卑南族史》（臺東：臺東縣政府，2001 年）。

26. 鹿子木小五郎編：《臺東廳管內視察復命書》（臺北市：成文出版社，1912 年）。

27. 郭輝譯：《巴達維亞城日記》（南投市：臺灣省文獻委員會，1970 年）。

28. 森丑之助著，楊南郡譯註：《生蕃行腳》（臺北市：遠流出版社，2000 年）。

29. 程紹剛：《荷蘭人在福爾摩莎》（臺北市：聯經出版社，2000）。

30. 葉志杰等撰、財團法人臺灣史研究會編：《太麻里鄉志》（臺東：臺東縣太麻里鄉公所，2013 年）。

31. 施添福總編纂，夏黎明等撰述：《臺灣地名辭書·卷三·臺東縣》（南投市：臺灣省文獻會，2001 年）。

32. 鄭全玄：《臺東平原的移民拓墾與聚落》（新北市中和區：知書房出版，1995 年）。

33. 衛惠林、余錦泉、林衡立（原修）：《臺灣省通志》（卷八，同冑志魯凱族·排灣族·卑南族篇）（臺中市：臺灣省文獻委員會，1972 年）。

34. 謝世忠、李莎莉合著：《卑南族的物質生活：傳統與現代要素的整合過程研究》（臺北市：內政部，1985 年）。

35. 潘繼道：《清代臺灣後山平埔族移民之研究》（板橋：稻鄉出版社，2001 年）。

36. 潘繼道：《國家、區域與族群——臺灣後山奇萊地區原住民族群的歷史變遷（1874～1945）》（臺東市：東臺灣研究會，2008 年）。

37. 歐陽泰：《福爾摩沙如何變成臺灣府？》（臺北市：遠流出版社，2007 年）。

38. 施雅軒：《臺灣的行政區變遷》（臺北市：遠足文化公司 2003 年）。

39. 施添福等纂修：《臺東縣史·大事篇》（臺東市：臺東縣政府，2001 年）。

40. 歐陽泰：《福爾摩沙如何變成臺灣府？》（臺北市：遠流出版社，2007）。

41. 陳文德：《卑南族》（臺北市：三民書局，2010 年）。

42. 許文雄：《臺灣歷史與文化（四）》（臺北市：稻鄉出版社，2000 年）。

43. 戴寶村：《臺灣政治史》（臺北市：五南出版社，2006 年）。

44. 臺灣省文獻會：《臺灣總督府檔案中譯本第六輯》（臺中市：臺灣省文獻會，1995 年）。

三、期刊論文（依作（編）者姓氏筆劃排序）

1. 王勁之〈誰是「卑南族」？試論 Pinuyumayan 的身分認定〉，收錄於《卑南學資料彙編第一輯》（臺北市：山海文化雜誌，2014 年），頁 77～108。

2. 中村孝志：〈荷蘭時代的臺灣番社戶口表〉，《臺灣風物》第 44 卷 1 期（1994），頁 197～234。

3. 吳聰敏：〈贌社制度之演變及其影響 1644～1737〉，《臺灣史研究》第 16 卷第 3 期（2009 年 9 月），頁 1～38。

4. 孟祥瀚：〈東臺灣國家與族群之歷史研究的回顧〉，《東臺灣研究》第 21 期（2014 年），頁 55～74。

5. 林志興：〈重探「卑南王」在花東歷史中的角色：乾隆皇帝與「卑南王」的邂逅談起〉，收錄於《卑南學資料彙編第一輯》（臺北市：山海文化雜誌，2014 年），頁 63～76。

6. 林志興：〈重探「卑南王」在花東歷史中的角色：從乾隆皇帝與「卑南王」的邂逅談起〉，收錄於林志興主編《卑南學資料彙編：卑南族族群研究與部落調查資料彙編》（臺北：山海文化雜誌，2014），頁 63～76。

7. 林志興：〈東臺灣傳奇：乾隆皇帝與「卑南王」的邂逅談起〉，收錄於《百年觀點特展史料中的臺灣原住民及臺東》（臺東：國立臺灣史前文化博物，2007 年），頁 68～72。

8. 施添福：〈臺灣東部的區域性〉收錄於夏黎明、呂理政主編：《族群、歷史與空間東臺灣社會與文化的區域研究研討會論文集》（2000 年），頁 2～5。

9. 康培德：〈卑南人與荷蘭東印度公司的後山統治〉，《臺灣文獻》第 57 卷第 2 期（2006 年 6 月），頁 1～43。

10. 〈荷蘭東印度公司治下的原住民頭人、村社整合與地域勢力變遷〉，《人文與社會科學簡訊》13 卷 3 期（2012 年 6 月），頁 82～87。

11. 施添福：〈開山與築路：晚清臺灣東西部越嶺道路的歷史地理考察〉，《國立臺灣師範大學地理研究報告》第 30 卷（1999 年 5 月），頁 65～100。

12. 翁佳音：〈地方會議‧炽社與王田──臺灣近代初期史研究筆記（一）〉，《臺灣文獻》第 51 卷 3 期（2000 年），頁 263～281。

13. 孫大川〈學，效也「卑南學」的根源及其展開〉，收錄於《卑南學資料彙編第一輯》（臺北市：山海文化雜誌，2014 年），頁 1～9。

14. 陳文德：〈東臺灣「族群」的研究〉，夏黎明主編：《戰後東臺灣研究的回顧與展望工作實錄》（臺東：東臺灣研究社，2005 年），頁 55～57。

15. 〈卑南族的傳統社會與人權現狀──一個聚落的分析〉，載於劉斌雄編：《臺灣土著的傳統社會文化與人權現狀》（臺北：中央研究院民族研究所，1985 年），頁 77～109。

16. 〈南王卑南族「人的觀念」：生命過程的觀點分析〉，載於黃應貴主編：《人觀、意義與社會》（南港：中央研究民族學研究所，1993 年），頁 477～502。

17. 〈「族群」與歷史：以一個卑南族「部落」的形成為例（1929～）〉，《東臺灣研究》第 4 期（1999 年），頁 123～158。

18. 〈「親屬」到底是什麼？一個卑南族聚落的例子〉，《中央研究院民族學研究所集刊》第 87 期（1999 年），頁 1～39。

19. 〈老人、起源和歷史：以一個卑南族聚落對發祥地的爭議為例〉，載於黃應貴主編：《時間、歷史與記憶》（南港：中央研究民族學研究所，1999 年），頁 343～379。

20. 陳鴻圖：〈東臺灣研究專輯導讀〉，《臺灣文獻季刊》69 卷 4 期，頁 2～4。

21. 曾俊得：《卑南族民間文學研究》（國立中山大學碩士論文，2008 年）。

22. 黃應貴：〈時間、歷史與記憶〉，載於黃應貴主編：《時間、歷史與記憶》，臺北市：中央研究院民族學研究所（1999 年），頁 1～30。

23. 幣原坦：〈卑南大王〉，《南方土俗》第一期卷 1（1931 年），頁 1～10。

24. 鄭螢憶：〈仰沾聖化、願附編氓？康雍朝「生番」歸化與番人分類體制的形構〉《臺灣史研究》第 24 卷第 2 期（2017 年 6 月），頁 1～32。

25. 蔡可欣：《卑南族群的起源敘事研究》（國立花蓮教育大學碩士論文，2009 年）。

26. 衛惠林、陳奇棧、與何廷瑞：〈臺東縣卑南鄉南王村民族學調查簡報〉，《考古人類學刊》第 3 期（1954 年），14～26。

27. 衛惠林：〈臺灣土著社會的二部組織〉，《中央研究院民發學研究所集刊》第 2 期（1956 年），頁 1～30。

四、數位網頁資料（依作（編）者姓氏筆劃排序）

1. 王佳涵：〈原住民樂舞產業新前景－以普悠瑪號首航祈福系列活動為例〉，臺北：中國生產力中心網站，（2015/06/18），https://mymkc.com/article/content/22140。

2. 王勁之：〈碰撞與對話：記第二屆「卑南學」學術研討會〉，《史前館電子報》第 310 期（2015/11/1），https://beta.nmp.gov.tw/enews/no310/page_02.html。

3. 王勁之：〈卑南族研究的多音聲軌：記第三屆「卑南學」學術研討會〉，

《史前館電子報》第 359 期（2017/11/15），https://beta.nmp.gov.tw/enews/no359/page_01.html。

4. 未著撰人：《臺東史誌》，引自《臺東縣政府官網》，搜尋日期 109/04-16，https://www.taitung.gov.tw/cp.aspx?n=3ED4E35C4A97DEAF&s=BD3B450373053909。

5. 江樹生譯註：〈熱蘭遮城日誌/I-I/1636-12-14〉，臺灣日記知識庫。中央研究院臺灣史研究所。https://mymkc.com/article/content/22140。

6. 林建成：《Pinadray（卑南王）》定目劇的嘗試與詮釋，發現史前館電子報史前館電子報第 350 期，2017.7.1https://beta.nmp.gov.tw/enews/no350/page_02.html。

7. 林志興撰稿：〈張新才〉，文化部：《臺灣大百科全書》，2009 年。http://nrch.culture.tw/twpedia.aspx?id=5614。

8. 原住民族委員會：〈卑南族〉，臺灣原住民族資訊資源網，2015 年，www.tipp.org.tw/aborigines_info.asp?A_ID=6&AC_No=2。搜尋日期 2019/6/3。

9. 康培德：〈荷蘭時期涉外事件〉，《原住民族文獻》2015 年 6 月 21 期。https://ihc.apc.gov.tw/Journals.php?pid=628&id=858。

10. 翁佳音：〈像女王的排灣族好婦人〉，《原住民民族文獻》2012 年 2 月 1 期。https://ihc.apc.gov.tw/Journals.php?pid=606&id=624。

11. 陳政三：〈清代初期原住民大清帝國考察記—兼論清廷的原住民政策〉，行政院原住民委員會：《原住民族文獻》，2014 年 10 月 17 期，https://ihc.apc.gov.tw/Journals.php?pid=624&id=816。

12. 郝時遠，〈清代臺灣原住民赴大陸賀壽參訪的歷史意義〉，引傅恒等編《皇清職貢圖》卷三，（瀋陽：遼沈書社，1991 年影印本），第 306 頁，https://ihc.apc.gov.tw/Journals.php?pid=624&id=816。

13. 張素玢撰稿：〈理番〉，文化部：《臺灣大百科》，2009 年 09 月 24 日。http://nrch.culture.tw/twpedia.aspx?id=3576。

14. 張素玢撰稿：〈開山撫番〉，文化部：《臺灣大百科全書》，2009 年 9 月 24 日。http://nrch.culture.tw/twpedia.aspx?id=3561。

15. 張素玢撰稿：〈通事〉，文化部：《臺灣大百科全書》，2001 年 9 月 24 日。http://nrch.culture.tw/twpedia.aspx?id=3579

16. 鄒明華：〈鍾敬文先生的傳說研究：在真實與真實性之間的複雜性思維〉，

《民間文化論壇》2006 年第 2 期，https://www.chinafolklore.org/web/index.php?NewsID=4129。

17. 臺東縣卑南族民族自治事務促進發展協會：〈卑南族主題故事—非王之王〉（臺東：國立臺灣史前文化博物館，2019），https://www.dmtip.gov.tw/web/page/detail?l1=4&l2=118&l3=328。

18. 臺北市政府原住民族事務委員會：《臺灣原住民族文化知識網》。http://www.knowlegde.ipc.gov.taipei/ct.asp?xItem=1001726&CtNode=17289&mp=cb01。